COLLECTION FOLIO

BANSO
MEDICAL AREA

J. M. G. Le Clézio

L'Africain

Mercure de France

Cet ouvrage a été précédemment publié dans la collection
« Traits et portraits », dirigée par Colette Fellous,
au Mercure de France.

© *Mercure de France, 2004.*

J. M. G. Le Clézio est né à Nice le 13 avril 1940 ; il est originaire d'une famille de Bretagne émigrée à l'île Maurice au XVIIIe siècle.

Grand voyageur, J. M. G. Le Clézio n'a jamais cessé d'écrire depuis l'âge de sept ou huit ans : poèmes, contes, récits, nouvelles, dont aucun n'avait été publié avant *Le procès-verbal*, son premier roman paru en septembre 1963 et qui obtint le prix Renaudot. Son œuvre compte aujourd'hui une trentaine de volumes. En 1980, il a reçu le Grand Prix Paul-Morand décerné par l'Académie française pour son roman *Désert*.

Il a reçu le prix Nobel de littérature en 2008.

Tout être humain est le résultat d'un père et une mère. On peut ne pas les reconnaître, ne pas les aimer, on peut douter d'eux. Mais ils sont là, avec leur visage, leurs attitudes, leurs manières et leurs manies, leurs illusions, leurs espoirs, la forme de leurs mains et de leurs doigts de pied, la couleur de leurs yeux et de leurs cheveux, leur façon de parler, leurs pensées, probablement l'âge de leur mort, tout cela est passé en nous.

J'ai longtemps rêvé que ma mère était noire. Je m'étais inventé une histoire, un passé, pour fuir la réalité à mon retour d'Afrique, dans ce pays, dans cette ville où je ne connaissais personne, où j'étais devenu un étranger. Puis j'ai découvert, lorsque mon père, à l'âge de la retraite, est revenu vivre avec nous en France, que c'était lui l'Africain. Cela a été difficile à admettre. Il m'a fallu retourner en arrière, recommencer, essayer de comprendre. En souvenir de cela, j'ai écrit ce petit livre.

Le corps

De ce visage que j'ai reçu à ma naissance, j'ai des choses à dire. D'abord, qu'il m'a fallu l'accepter. Affirmer que je ne l'aimais pas serait lui donner une importance qu'il n'avait pas quand j'étais enfant. Je ne le haïssais pas, je l'ignorais, je l'évitais. Je ne le regardais pas dans les miroirs. Pendant des années, je crois que je ne l'ai jamais vu. Sur les photos, je détournais les yeux, comme si quelqu'un d'autre s'était substitué à moi.

À l'âge de huit ans à peu près, j'ai vécu en Afrique de l'Ouest, au Nigeria, dans une région assez isolée où, hormis mon père et ma mère, il n'y avait pas d'Européens, et où l'humanité, pour l'enfant que j'étais, se composait uniquement d'Ibos et de Yoroubas. Dans la case que nous habitions (le mot case a quelque chose de colonial qui peut aujourd'hui choquer, mais qui décrit bien le logement de fonction que le gouvernement anglais avait prévu pour les médecins militaires, une dalle de ciment pour le

sol, quatre murs de parpaing sans crépi, un toit de
tôle ondulée recouvert de feuilles, aucune décora-
tion, des hamacs accrochés aux murs pour servir de
lits et, seule concession au luxe, une douche reliée
par des tubes de fer à un réservoir sur le toit que
chauffait le soleil), dans cette case, donc, il n'y avait
pas de miroirs, pas de tableaux, rien qui pût nous
rappeler le monde où nous avions vécu jusque-là.
Un crucifix que mon père avait accroché au mur,
mais sans représentation humaine. C'est là que j'ai
appris à oublier. Il me semble que c'est de l'entrée
dans cette case, à Ogoja, que date l'effacement de
mon visage, et des visages de tous ceux qui étaient
autour de moi.

De ce temps, pour ainsi dire consécutivement,
date l'apparition des corps. Mon corps, le corps de
ma mère, le corps de mon frère, le corps des jeunes
garçons du voisinage avec qui je jouais, le corps des
femmes africaines dans les chemins, autour de la
maison, ou bien au marché, près de la rivière. Leur
stature, leurs seins lourds, la peau luisante de leur
dos. Le sexe des garçons, leur gland rose circoncis.
Des visages sans doute, mais comme des masques
de cuir, endurcis, couturés de cicatrices, de marques
rituelles. Les ventres saillants, le bouton du nom-
bril pareil à un galet cousu sous la peau. L'odeur des
corps aussi, le toucher, la peau non pas rude mais
chaude et légère, hérissée de milliers de poils. J'ai
cette impression de la grande proximité, du nombre

des corps autour de moi, quelque chose que je n'avais pas connu auparavant, quelque chose de nouveau et de familier à la fois, qui excluait la peur.

En Afrique, l'impudeur des corps était magnifique. Elle donnait du champ, de la profondeur, elle multipliait les sensations, elle tendait un réseau humain autour de moi. Elle s'harmonisait avec le pays ibo, avec le tracé de la rivière Aiya, avec les cases du village, leurs toits couleur fauve, leurs murs couleur de terre. Elle brillait dans ces noms qui entraient en moi et qui signifiaient beaucoup plus que des noms de lieux : Ogoja, Abakaliki, Enugu, Obudu, Baterik, Ogrude, Obubra. Elle imprégnait la muraille de la forêt pluvieuse qui nous enserrait de toutes parts.

Quand on est enfant, on n'use pas de mots (et les mots ne sont pas usés). Je suis en ce temps-là très loin des adjectifs, des substantifs. Je ne peux pas dire ni même penser : admirable, immense, puissance. Mais je suis capable de le ressentir. À quel point les arbres aux troncs rectilignes s'élancent vers la voûte nocturne fermée au-dessus de moi, enfermant comme dans un tunnel la brèche sanglante de la route de latérite qui va d'Ogoja vers Obudu, à quel point dans les clairières des villages je ressens les corps nus, brillants de sueur, les silhouettes larges des femmes, les enfants accrochés à leur hanche, tout cela qui forme un ensemble cohérent, dénué de mensonge.

L'entrée dans Obudu, je m'en souviens bien : la route sort de l'ombre de la forêt et entre tout droit dans le village, en plein soleil. Mon père a arrêté son auto, avec ma mère il doit parler aux officiels. Je suis seul au milieu de la foule, je n'ai pas peur. Les mains me touchent, passent sur mes bras, sur mes cheveux autour du bord de mon chapeau. Parmi tous ceux qui se pressent autour de moi, il y a une vieille femme, enfin je ne sais pas qu'elle est vieille. Je suppose que c'est d'abord son âge que je remarque, parce qu'elle diffère des enfants nus et des hommes et des femmes habillés plus ou moins à l'occidentale que je vois à Ogoja. Quand ma mère revient (peut-être vaguement inquiète de ce rassem-blement), je lui montre cette femme : « Qu'est-ce

qu'elle a ? Est-ce qu'elle est malade ? » Je me souviens de cette question que j'ai posée à ma mère. Le
corps nu de cette femme, fait de plis, de rides, sa
peau comme une outre dégonflée, ses seins allongés
et flasques, pendant sur son ventre, sa peau craquelée, ternie, un peu grise, tout cela me semble
étrange, et en même temps vrai. Comment aurais-
je pu imaginer que cette femme était ma grand-
mère ? Et je ressentais non pas de l'horreur ni de la
pitié, mais au contraire de l'amour et de l'intérêt,
ceux que suscite la vue de la vérité, de la réalité
vécue. Je me rappelle seulement cette question :
« Est-ce qu'elle est malade ? » Elle me brûle encore
aujourd'hui étrangement, comme si le temps n'était
pas passé. Et non la réponse — sans doute rassu-
rante, peut-être un peu gênée — de ma mère :
« Non, elle n'est pas malade, elle est vieille, c'est
tout. » La vieillesse, sans doute plus choquante pour
un enfant sur le corps d'une femme puisque encore,
puisque toujours, en France, en Europe, pays des
gaines et des jupons, des soutiens-gorge et des com-
binaisons, les femmes sont ordinairement exemptes
de la maladie de l'âge. La brûlure sur mes joues que
je ressens encore, qui accompagne la question naïve
et la réponse brutale de ma mère, comme un soufflet. Cela est resté en moi sans réponse. La question
n'était sans doute pas : Pourquoi cette femme est-elle
devenue ainsi, usée et déformée par la vieillesse ?,
mais : Pourquoi m'a-t-on menti ? Pourquoi m'a-
t-on caché cette vérité ?

L'Afrique, c'était le corps plutôt que le visage. C'était la violence des sensations, la violence des appétits, la violence des saisons. Le premier souvenir que j'ai de ce continent, c'est mon corps couvert d'une éruption de petites ampoules causées par l'extrême chaleur, une affection bénigne dont souffrent les Blancs à leur entrée dans la zone équatoriale, sous le nom comique de « bourbouille » — en anglais *prickly heat*. Je suis dans la cabine du bateau qui longe lentement la côte, au large de Conakry, Freetown, Monrovia, nu sur la couchette, hublot ouvert sur l'air humide, le corps saupoudré de talc, avec l'impression d'être dans un sarcophage invisible, ou d'avoir été pris comme un poisson dans la nasse, enfariné avant d'aller à la friture. L'Afrique qui déjà m'ôtait mon visage me rendait un corps, douloureux, enfiévré, ce corps que la France m'avait caché dans la douceur anémiante du foyer de ma grand-mère, sans instinct, sans liberté.

Ce que je recevais dans le bateau qui m'entraînait vers cet autre monde, c'était aussi la mémoire. Le présent africain effaçait tout ce qui l'avait précédé. La guerre, le confinement dans l'appartement de Nice (où nous vivions à cinq dans deux pièces mansardées, et même à six en comptant la bonne Maria dont ma grand-mère n'avait pas résolu de se passer),

les rations, ou bien la fuite dans la montagne où
ma mère devait se cacher, de peur d'être raflée par
la Gestapo — tout cela s'effaçait, disparaissait, devenait irréel. Désormais, pour moi, il y aurait avant
et après l'Afrique.

La liberté à Ogoja, c'était le règne du corps. Illi-
mité, le regard, du haut de la plate-forme de ciment
sur laquelle était construite la maison, pareille à
l'habitacle d'un radeau sur l'océan d'herbes. Si je
fais un effort de mémoire, je puis reconstituer les

frontières vagues de ce domaine. Quelqu'un qui aurait gardé la mémoire photographique du lieu serait étonné de ce qu'un enfant de huit ans pouvait y voir. Sans doute un jardin. Non pas un jardin d'agrément — existait-il dans ce pays quelque chose qui fût d'agrément ? Plutôt un espace d'utilité, où mon père avait planté des fruitiers, manguiers, goyaviers, papayers, et pour servir de haie devant la varangue, des orangers et des limettiers dont les fourmis avaient cousu la plupart des feuilles pour faire leurs nids aériens, débordant d'une sorte de duvet cotonneux qui abritait leurs œufs. Quelque part vers l'arrière de la maison, au milieu des broussailles, un poulailler où cohabitaient poules et pintades, et dont l'existence ne m'est signalée que par la présence, à la verticale dans le ciel, de vautours sur lesquels mon père tirait parfois à la carabine. Un jardin, soit, puisqu'un des employés de la maison portait le titre de « garden boy ». À l'autre bout du terrain, il devait y avoir les cases des serviteurs : le « boy », le « small boy », et surtout le cuisinier, que ma mère aimait bien, et avec qui elle préparait des plats, non à la française, mais la soupe d'arachide, les patates rôties, ou le « foufou », cette pâte d'igname qui était notre ordinaire. De temps en temps, ma mère se lançait avec lui dans des expériences, de la confiture de goyaves ou de la papaye confite, ou encore des sorbets qu'elle tournait à la main. Dans cette cour, il y avait surtout des enfants, en grand nombre, qui arrivaient chaque matin pour jouer et parler et que nous ne quittions qu'à la nuit tombante.

Tout cela pourrait donner l'impression d'une vie coloniale, très organisée, presque citadine — ou du moins campagnarde à la façon de l'Angleterre ou de la Normandie d'avant l'ère industrielle. Pourtant c'était la liberté totale du corps et de l'esprit. Devant la maison, dans la direction opposée à l'hôpital où travaillait mon père, commençait une étendue sans horizon, avec une légère ondulation où le regard pouvait se perdre. Au sud, la pente conduisait à la vallée brumeuse de l'Aiya, un affluent de la rivière Cross, et aux villages, Ogoja, Ijama, Bawop. Vers le nord et l'est, je pouvais voir la grande plaine fauve semée de termitières géantes, coupée de ruisseaux et de marécages, et le début de la forêt, les bosquets de géants, irokos, okoumés, le tout recouvert par un ciel immense, une voûte de bleu cru où brûlait le soleil, et qu'envahissaient, chaque après-midi, des nuages porteurs d'orage.

Je me souviens de la violence. Non pas une violence secrète, hypocrite, terrorisante comme celle que connaissent tous les enfants qui naissent au milieu d'une guerre — se cacher pour sortir, épier les Allemands en capote grise en train de voler les pneus de la De Dion-Bouton de ma grand-mère, entendre dans un rêve remâcher les histoires de trafic, espionnage, mots voilés, messages qui venaient

de mon père par le canal de Mr Ogilvy, consul des
États-Unis, et surtout la faim, le manque de tout,
la rumeur des cousines de ma grand-mère se nour-
rissant d'épluchures. Cette violence-là n'était pas
vraiment physique. Elle était sourde et cachée
comme une maladie. J'en avais le corps miné, des
quintes de toux irrépressibles, des migraines si
douloureuses que je me cachais sous la jupe longue du guéridon, les poings enfoncés dans mes
orbites.

Ogoja me donnait une autre violence, ouverte,
réelle, qui faisait vibrer mon corps. C'était visible
dans chaque détail de la vie et de la nature environ-
nante. Des orages tels que je n'en ai jamais vu ni
rêvé depuis, le ciel d'encre zébré d'éclairs, le vent qui
pliait les grands arbres autour du jardin, qui arrachait les palmes du toit, tourbillonnait dans la salle
à manger en passant sous les portes et soufflait les
lampes à pétrole. Certains soirs, un vent rouge venu
du nord, qui faisait briller les murs. Une force électrique qu'il me fallait accepter, apprivoiser, et pour
laquelle ma mère avait inventé un jeu, compter les
secondes qui nous séparaient de l'impact de la foudre, l'entendre venir kilomètre après kilomètre,
puis s'éloigner vers les montagnes. Un après-midi,
mon père opérait dans l'hôpital, quand la foudre
est entrée par la porte et s'est répandue sur le sol
sans un bruit, faisant fondre les pieds métalliques
de la table d'opération et brûlant les semelles en

caoutchouc des sandales de mon père, puis l'éclair s'est rassemblé et a fui par où il était entré, comme un ectoplasme, pour rejoindre le fond du ciel. La réalité était dans les légendes.

L'Afrique était puissante. Pour l'enfant que j'étais, la violence était générale, indiscutable. Elle donnait de l'enthousiasme. Il est difficile d'en parler aujourd'hui, après tant de catastrophes et d'abandon. Peu d'Européens ont connu ce sentiment. Le travail que faisait mon père au Cameroun d'abord, puis au Nigeria, créait une situation exceptionnelle. La plupart des Anglais en poste dans la colonie exerçaient des fonctions administratives. Ils étaient militaires, juges, district officers (ces D.O. dont les initiales, prononcées à l'anglaise, Di-O, m'avaient fait penser à un nom religieux, comme une variation sur le « Deo gratias » de la messe que ma mère célébrait sous la varangue chaque dimanche matin). Mon père était l'unique médecin dans un rayon de soixante kilomètres. Mais cette dimension que je donne n'a aucun sens : la première ville administrative était Abakaliki, à quatre heures de route, et pour y arriver il fallait traverser la rivière Aiya en bac, puis une épaisse forêt. L'autre résidence d'un D.O. était à la frontière du Cameroun français, à Obudu, au pied des collines où habitaient encore les gorilles. À Ogoja, mon père était responsable du dispensaire (un ancien hôpital religieux délaissé par les sœurs), et le seul médecin au nord de la province de Cross River. Là, il faisait tout, comme il l'a dit plus tard, de l'accouchement à l'autopsie. Nous étions, mon frère et moi, les seuls enfants blancs de toute cette région. Nous n'avons rien connu de ce qui a pu fabriquer l'identité un peu caricaturale des enfants élevés aux « colonies ». Si je lis les romans « coloniaux » écrits par les Anglais de cette époque, ou de celle qui a précédé notre arrivée au Nigeria — Joyce Cary, par exemple, l'auteur de *Missié John-son* —, je ne reconnais rien. Si je lis William Boyd, qui a passé lui aussi une partie de son enfance dans l'Ouest africain britannique, je ne reconnais rien

non plus : son père était D.O. (à Accra au Ghana,
me semble-t-il). Je ne sais rien de ce qu'il décrit,
cette lourdeur coloniale, les ridicules de la société
blanche en exil sur la côte, toutes les mesquineries
auxquelles les enfants sont particulièrement atten-
tifs, le dédain pour les indigènes, dont ils ne connaissent que la fraction des domestiques qui doivent
s'incliner devant les caprices des enfants de leurs
maîtres, et surtout cette sorte de coterie dans laquelle les enfants de même sang sont à la fois réunis
et divisés, où ils perçoivent un reflet ironique de
leurs défauts et de leurs mascarades, et qui forme
en quelque sorte l'école de la conscience raciale qui
supplée pour eux à l'apprentissage de la conscience
humaine — je puis dire que, Dieu merci, tout cela
m'a été complètement étranger.

Nous n'allions pas à l'école. Nous n'avions pas
de club, pas d'activités sportives, pas de règle, pas
d'amis au sens que l'on donne à ce mot en France
ou en Angleterre. Le souvenir que je garde de ce
temps pourrait être celui passé à bord d'un bateau,
entre deux mondes. Si je regarde aujourd'hui la seule
photo que j'ai conservée de la maison d'Ogoja (un
cliché minuscule, le tirage 6 x 6 courant après la
guerre), j'ai du mal à croire qu'il s'agit du même
lieu : un grand jardin ouvert où poussent en désor-
dre des palmiers, des flamboyants, traversé par une
allée rectiligne où est garée la monumentale Ford

V8 de mon père. Une maison ordinaire, avec un toit de tôle ondulée et, au fond, les premiers grands arbres de la forêt. Il y a dans cette photo unique quelque chose de froid, presque austère, qui évoque l'empire, mélange de camp militaire, de pelouse anglaise et de puissance naturelle que je n'ai retrouvé, longtemps après, que dans la zone du canal de Panama.

C'est ici, dans ce décor, que j'ai vécu les moments de ma vie sauvage, libre, presque dangereuse. Une liberté de mouvement, de pensée et d'émotion que je n'ai plus jamais connue ensuite. Les souvenirs trompent, sans doute. Cette vie de liberté totale, je l'aurai sans doute rêvée plutôt que vécue. Entre la tristesse du sud de la France pendant la guerre et la tristesse de la fin de mon enfance dans la Nice des années cinquante, rejeté de mes camarades de classe du fait de mon étrangeté, obsédé par l'autorité excessive de mon père, en butte à la très grande vulgarité des années lycée, des années scoutisme, puis pendant l'adolescence la menace d'avoir à partir faire la guerre pour maintenir les privilèges de la dernière société coloniale.

Alors les jours d'Ogoja étaient devenus mon trésor, le passé lumineux que je ne pouvais pas perdre. Je me souvenais de l'éclat sur la terre rouge, le soleil qui fissurait les routes, la course pieds nus à travers la savane jusqu'aux forteresses des termitières, la

montée de l'orage le soir, les nuits bruyantes, crian-
tes, notre chatte qui faisait l'amour avec les tigrillos
sur le toit de tôle, la torpeur qui suivait la fièvre, à
l'aube, dans le froid qui entrait sous le rideau de la
moustiquaire. Toute cette chaleur, cette brûlure, ce
frisson.

Termites, fourmis, etc.

Devant la maison d'Ogoja, passé la limite du jardin (plutôt un mur de broussailles qu'une haie taillée au cordeau), commençait la grande plaine d'herbes qui s'étendait jusqu'à la rivière Aiya. La mémoire d'un enfant exagère les distances et les hauteurs. J'ai l'impression que cette plaine était aussi vaste qu'une mer. Au bord du socle en ciment qui servait de trottoir à la case, je suis resté des heures, le regard perdu dans cette immensité, suivant les vagues du vent sur les herbes, m'arrêtant de loin en loin sur les petites trombes poussiéreuses qui dansaient au-dessus de la terre sèche, scrutant les taches d'ombre au pied des irokos. J'étais vraiment sur le pont d'un bateau. Le bateau, c'était la case, non seulement les murs de parpaing et le toit de tôle, mais tout ce qui portait la trace de l'Empire britannique — à la manière du navire *George Shotton* dont j'avais entendu parler, ce vapeur cuirassé et armé en canonnière, surmonté d'un toit de feuilles, sur lequel les Anglais avaient installé les bureaux du consulat et qui remontait le Niger et le Bénoué au temps de lord Lugard.

J'étais seulement un enfant, la puissance de l'Empire m'indifférait assez. Mais mon père en pratiquait la règle, comme si elle seule donnait un sens à sa vie. Il croyait à la discipline, dans chaque geste de chaque jour : se lever tôt, faire aussitôt son lit, se laver à l'eau froide dans le bac de zinc, dont il fallait garder l'eau savonneuse pour mettre à tremper chaussettes et caleçons. Les leçons avec ma mère chaque matin, orthographe, anglais, arithmétique. La prière chaque soir, et le couvre-feu à neuf heures. Rien de commun avec l'éducation à la française, les jeux du mouchoir et les trappe-trappe, les repas joyeux où tout le monde parle à la fois, et pour finir les douces chantefables que racontait ma grand-mère, les rêveries dans son lit en écoutant grincer la girouette, et la lecture des aventures d'une pie voyageuse au-dessus de la campagne normande, dans le livre *La joie de lire*. En partant pour l'Afrique, nous avions changé de monde. La compensation à la discipline du matin et du soir, c'était la liberté des jours. La plaine d'herbes devant la case, c'était immense, dangereux et attirant comme la mer. Je n'avais jamais imaginé goûter à une telle indépendance. La plaine était là, devant mes yeux, prête à me recevoir.

Je ne me souviens pas du jour où nous nous sommes aventurés, mon frère et moi, pour la première fois dans la savane. Peut-être à l'instigation des enfants du village, la bande un peu hétéroclite qui comportait des tout-petits tout nus avec un gros ventre et des presque adolescents de douze, treize ans, vêtus comme nous d'un short kaki et d'une chemise, et qui nous avaient appris à ôter chaussures et chaussettes de laine pour courir pieds nus dans les herbes. Ceux que je vois sur quelques photos de l'époque, autour de nous, très noirs, dégingandés, certainement moqueurs et combatifs, mais qui nous avaient acceptés malgré nos différences.

C'était probablement interdit. Mon père étant absent tout le jour, jusqu'à la nuit, nous avons dû comprendre que l'interdiction ne pouvait qu'être relative. Ma mère était douce. Sans doute était-elle occupée à d'autres choses, à lire ou à écrire, à l'intérieur de la maison pour échapper à la chaleur de l'après-midi. Elle s'était faite africaine, à sa mesure, j'imagine qu'elle devait croire qu'il n'y avait pas d'endroit plus sûr au monde pour deux garçons de notre âge.

Faisait-il chaud vraiment ? Je n'en ai aucun souvenir. Je me souviens du froid de l'hiver, à Nice, ou à Roquebillière, je ressens encore l'air glacé qui soufflait dans les ruelles, un froid de glace et de neige, malgré nos guêtres et nos gilets en peau de mouton. Mais je ne me rappelle pas avoir eu chaud à Ogoja. Quand elle nous voyait sortir, ma mère

nous obligeait à mettre nos casques Cawnpore —
en réalité des chapeaux de paille qu'elle nous avait
achetés avant notre départ dans un magasin de la
vieille ville de Nice. Mon père avait institué entre
autres règles celle des chaussettes de laine et des
chaussures de cuir cirées. Dès qu'il partait pour son
travail, nous nous mettions pieds nus pour courir.
Les premiers temps, je m'écorchais sur le ciment du
sol en courant — je ne sais pourquoi, c'était toujours le gros orteil du pied droit dont la peau s'arrachait. Ma mère me bandait le pied, et je cachais le
pansement dans mes chaussettes. Puis cela recom-
mençait.

Alors, un jour, nous avons couru tout seuls dans
la plaine fauve, en direction de la rivière. L'Aiya à
cet endroit n'était pas très large, mais était animée
d'un courant violent qui arrachait aux rives des
mottes de boue rouge. La plaine, de chaque côté de
la rivière, paraissait sans bornes. De loin en loin, au
milieu de la savane, se dressaient de grands arbres
au tronc très droit, dont j'ai su plus tard qu'ils servaient à fournir les planchers d'acajou des pays in-
dustriels. Il y avait aussi des cotonniers, et des
acacias épineux qui faisaient une ombre légère. Nous
courions presque sans nous arrêter, à perdre ha-
leine, dans les hautes herbes qui fouettaient nos
visages à hauteur des yeux, guidés par les fûts des
grands arbres. Aujourd'hui encore, quand je vois des
images de l'Afrique, les grands parcs du Serengeti

ou du Kenya, je ressens un élan du cœur, il me semble reconnaître la plaine où nous courions chaque jour, dans la chaleur de l'après-midi, sans but, pareils à des animaux sauvages.

Au milieu de la plaine, à une distance suffisante pour que nous ne puissions plus voir notre case, il y avait des châteaux. Le long d'une aire dénudée et sèche, des pans de murs rouge sombre, aux crêtes noircies par l'incendie, tels les remparts d'une ancienne citadelle. De loin en loin, le long des murs, se dressaient des tours dont les sommets paraissaient becquetés d'oiseaux, déchiquetés, brûlés par la foudre. Ces murailles occupaient une superficie aussi vaste qu'une ville. Les murs, les tours étaient plus hauts que nous. Nous n'étions que des enfants, mais dans mon souvenir j'imagine que ces murs devaient être plus hauts qu'un homme adulte, et certaines des tours devaient dépasser deux mètres.

Nous savions que c'était la ville des termites.

Comment l'avons-nous su ? Peut-être par mon père, ou bien par un des garçons du village. Mais personne ne nous accompagnait. Nous avons appris à démolir ces murs. Nous avions dû commencer par jeter quelques pierres, pour sonder, pour écouter le bruit caverneux qu'elles faisaient en heurtant les termitières. Puis nous avons frappé à coups de bâton les murs, les hautes tours, pour voir s'écrouler la terre poudreuse, mettre au jour les galeries, les bêtes aveugles qui y vivaient. Le jour suivant, les

ouvrières avaient colmaté les brèches, tenté de reconstruire les tours. Nous frappions à nouveau,
jusqu'à en avoir mal aux mains, comme si nous
combattions un ennemi invisible. Nous ne parlions
pas, nous cognions, nous poussions des cris de rage,
et de nouveaux pans de murs s'écroulaient. C'était
un jeu. Était-ce un jeu ? Nous nous sentions pleins
de puissance. Je m'en souviens aujourd'hui, non pas
comme d'un divertissement sadique de sale gosse
— la cruauté gratuite que des petits garçons peuvent aimer exercer contre une forme de vie sans
défense, couper les pattes des doryphores, écraser
les crapauds dans l'angle d'une porte —, mais d'une
sorte de possession, que nous inspiraient l'étendue
de la savane, la proximité de la forêt, la fureur du
ciel et des orages. Ou peut-être que nous rejetions
de cette manière l'autorité excessive de notre père,
rendant coup pour coup avec nos bâtons.

Les enfants du village n'étaient jamais avec nous
quand nous partions détruire les termitières. Sans
doute cette rage de démolir les aurait-elle étonnés,
eux qui vivaient dans un monde où les termites
étaient une évidence, où ils jouaient un rôle dans
les légendes. Le dieu termite avait créé les fleuves
au début du monde, et c'était lui qui gardait l'eau
pour les habitants de la terre. Pourquoi détruire
sa maison ? La gratuité de cette violence pour eux
n'aurait eu aucun sens : en dehors des jeux, bouger
signifiait gagner de l'argent, recevoir une friandise,

chasser quelque chose de vendable ou de comestible. Les plus petits étaient sous la surveillance des plus grands, jamais seuls, jamais livrés à eux-mêmes. Les jeux, les discussions et les menus travaux alternaient sans emploi du temps précis : ils ramassaient le bois mort et les bouses séchées pour le feu en se promenant, ils allaient puiser l'eau pendant des heures devant les puits en bavardant, ils jouaient au trictrac dans la terre, ou bien ils restaient assis devant l'entrée de la maison de mon père, à regarder dans le vague, à attendre pour rien. S'ils chapardaient, ce ne pouvait être que des choses utiles, un morceau de gâteau, des allumettes, une vieille assiette rouillée. De temps en temps le « garden boy » se fâchait et les chassait à coups de pierre, mais l'instant d'après ils étaient revenus.

Alors nous, nous étions sauvages comme de jeunes colons, sûrs de notre liberté, de notre impunité, sans responsabilités et sans aînés. Quand mon père était absent, quand ma mère dormait, nous nous échappions, la prairie fauve nous happait. Nous courions à toute vitesse, pieds nus, loin de la maison, à travers les hautes herbes qui nous aveuglaient, sautant par-dessus les rochers, sur la terre sèche et craquelée par la chaleur, jusqu'aux cités des termites. Nous avions le cœur battant, la violence débordait avec notre souffle, nous prenions des pierres, des bâtons et nous frappions, frappions, nous faisions écrouler des pans de ces cathédrales,

pour rien, simplement pour le bonheur de voir
monter les nuages de poussière, entendre crouler les
tours, résonner le bâton sur les murs durcis, pour
voir s'offrir à la lumière les galeries rouges comme
des veines où grouillait une vie pâle, couleur de na-
cre. Mais peut-être qu'à l'écrire je rends trop lit-
téraire, trop symbolique la fureur qui animait nos
bras quand nous frappions les termitières. Nous
étions seulement deux enfants qui avaient traversé
l'enfermement de cinq années de guerre, élevés dans
un environnement de femmes, dans un mélange de
crainte et de ruse, où le seul éclat était la voix de ma
grand-mère maudissant les « Boches ». Ces journées
à courir dans les hautes herbes à Ogoja, c'était notre
première liberté. La savane, l'orage qui s'accumu-
lait chaque après-midi, la brûlure du soleil sur nos
têtes, et cette expression trop forte, presque caricaturale de la nature animale, c'est cela qui emplissait
nos petites poitrines et nous lançait contre la muraille des termites, ces noirs châteaux hérissés contre le ciel. Je crois que je n'ai jamais ressenti un tel
élan depuis ce temps-là. Un tel besoin de me me-
surer, de dominer. C'était un moment de nos vies,
juste un moment, sans aucune explication, sans regret, sans avenir, presque sans mémoire.

J'ai pensé qu'il en aurait été autrement si nous
étions restés à Ogoja, si nous étions devenus pareils
aux Africains. J'aurais appris à percevoir, à ressentir.
Comme les garçons du village, j'aurais appris à par-

ler avec les êtres vivants, à voir ce qu'il y avait de divin dans les termites. Je crois même qu'au bout d'un temps, je les aurais oubliés.

Il y avait une hâte, une urgence. Nous étions venus du bout du monde (car Nice était bien un autre bout du monde). Nous étions venus d'un appartement au sixième étage d'un immeuble bourgeois, entouré d'un jardinet où les enfants n'avaient pas le droit de jouer, pour vivre en Afrique équatoriale, au bord d'une rivière boueuse, encerclés par la forêt. Nous ne savions pas que nous allions en repartir. Peut-être que nous avons pensé, comme tous les enfants, que nous allions y mourir. Là-bas, de l'autre côté de la mer, le monde s'était figé dans le silence. Une grand-mère avec ses contes, un grand-père avec sa voix chantante de Mauricien, des camarades de jeu, de classe, tout cela s'était glacé tels des jouets qu'on enferme dans une malle, telles les peurs qu'on laisse au fond des placards. La plaine d'herbes avait aboli tout cela, dans le souffle chaud de l'après-midi. La plaine d'herbes avait le pouvoir de faire battre nos cœurs, de faire naître la fureur, et de nous laisser chaque soir dolents, rompus de fatigue au bord de nos hamacs.

Les fourmis étaient l'antiface de cette fureur. Le contraire de la plaine d'herbes, de la violence destructrice. Y avait-il des fourmis avant Ogoja ? Je ne m'en souviens pas. Ou bien sans doute ces « fourmis

d'Argentine », poussière noire qui envahissait chaque
nuit la cuisine de ma grand-mère, reliant par des
routes minuscules ses jardinières de rosiers en équi-
libre sur la gouttière et les amas de détritus qu'elle
brûlait dans sa chaudière.

Les fourmis, à Ogoja, étaient des insectes mons-
trueux de la variété exsectoïde, qui creusaient leurs
nids à dix mètres de profondeur sous la pelouse du
jardin, où devaient vivre des centaines de milliers
d'individus. Au contraire des termites, doux et sans
défense, incapables dans leur cécité de causer le
moindre mal, sauf celui de ronger le bois vermoulu
des habitations et les troncs des arbres déchus, les
fourmis étaient rouges, féroces, dotées d'yeux et de
mandibules, capables de sécréter du poison et d'at-
taquer quiconque se trouvait sur leur chemin.
C'étaient elles les véritables maîtresses d'Ogoja.

Je garde le souvenir cuisant de ma première rencontre avec les fourmis, dans les jours qui ont suivi
mon arrivée. Je suis dans le jardin, non loin de la
maison. Je n'ai pas remarqué le cratère qui signale
l'entrée de la fourmilière. Tout d'un coup, sans que
je m'en sois rendu compte, je suis entouré par des
milliers d'insectes. D'où viennent-ils ? J'ai dû pénétrer dans la zone dénudée qui entoure l'orifice de
leurs galeries. Ce n'est pas tant des fourmis que je
me souviens, que de la peur que je ressens. Je reste
immobile, incapable de fuir, incapable de penser,
sur le sol tout à coup mouvant, formant un tapis

de carapaces, de pattes et d'antennes qui tourne autour de moi et resserre son tourbillon, je vois les fourmis qui ont commencé à monter sur mes chaussures, qui s'enfoncent entre les mailles de ces fameuses chaussettes de laine imposées par mon père. Au même instant je ressens la brûlure des premières morsures, sur mes chevilles, le long de mes jambes. L'affreuse impression, la hantise d'être mangé vivant. Cela dure quelques secondes, des minutes, un temps aussi long qu'un cauchemar. Je ne m'en souviens pas, mais j'ai dû crier, hurler même, parce que, l'instant d'après, je suis secouru par ma mère qui m'emporte dans ses bras et, autour de moi, devant la terrasse de la maison, il y a mon frère, les garçons du voisinage, ils regardent en silence, est-ce qu'ils rient ? Est-ce qu'ils disent : *Small boy him cry* ? Ma mère ôte mes chaussettes, retournées délicatement comme on enlèverait une peau morte, comme si j'avais été fouetté par des branches épineuses, je vois mes jambes couvertes de points sombres où perle une goutte de sang, ce sont les têtes des fourmis accrochées à la peau, leurs corps ont été arrachés au moment où ma mère retirait mes chaussettes. Leurs mandibules sont enfoncées profondément, il faut les extraire une par une avec une aiguille trempée dans l'alcool.

Une anecdote, une simple anecdote. D'où vient que j'en garde la marque, comme si les morsures des fourmis guerrières étaient encore sensibles, que tout cela s'était passé hier ? Sans doute est-ce mêlé de légende, de rêve. Avant ma naissance, raconte ma mère, elle voyage à cheval dans l'ouest du Cameroun, où mon père est médecin itinérant. La nuit, ils campent dans des « cases de passage », de simples huttes de branches et de palmes au bord du chemin, où ils accrochent leurs hamacs. Un soir, les porteurs sont venus les réveiller. Ils portent des torches enflammées, ils parlent à voix basse, ils pressent mon père et ma mère de se lever. Quand ma mère raconte cela, elle dit que ce qui l'a d'abord alarmée, c'est le silence, partout, alentour, dans la forêt, et les chuchotements des porteurs. Dès qu'elle est debout, elle voit, à la lumière des torches : une colonne de fourmis (ces mêmes fourmis rouges encadrées de guerrières) qui est sortie de la forêt et qui commence à traverser la case. Une colonne, plutôt un fleuve épais, qui avance lentement, sans s'arrêter, sans se soucier des obstacles, droit devant, chaque fourmi soudée à l'autre, dévorant, brisant tout sur son passage. Mon père et ma mère ont juste le temps de rassembler leurs affaires, vêtements, sacs de vivres et de médicaments. L'instant d'après, le fleuve sombre coule à travers la case.

Cette histoire, combien de fois ai-je entendu ma mère la raconter ? Au point de croire que cela m'était arrivé, de mêler le fleuve dévorant au tourbillon de fourmis qui m'avait assailli. Le mouvement de giration des insectes autour de moi ne me quitte pas, et je reste figé dans un rêve, j'écoute le silence, un silence aigu, strident, plus effrayant qu'aucun bruit au monde. Le silence des fourmis.

À Ogoja, les insectes étaient partout. Insectes de jour, insectes de nuit. Ceux qui répugnent aux adultes n'ont pas le même effet sur les enfants. Je n'ai pas besoin de faire de grands efforts d'imagination pour voir surgir à nouveau, chaque nuit, les armées de cafards — les cancrelats, comme les appelait mon grand-père, sujets d'une sirandane : *kankarla, nabit napas kilot*, il porte un habit, mais n'a pas de culotte. Ils sortaient des fissures du sol, des lattes de bois du plafond, ils galopaient du côté de la cuisine. Mon père les détestait. Chaque nuit, il parcourait la maison, sa torche électrique d'une main, sa savate dans l'autre, pour une chasse vaine et sans fin. Il était persuadé que les cafards étaient à l'origine de beaucoup de maladies, y compris du cancer. Je me souviens de l'entendre dire : « Brossez bien les ongles des pieds, sinon les cancrelats viendront les ronger dans la nuit ! »

Pour nous, enfants, c'étaient des insectes comme les autres. Nous leur faisions la chasse et nous les capturions, sans doute pour les relâcher du côté de la chambre des parents. Ils étaient gras, d'un brun rougeâtre, très luisants. Ils volaient lourdement.

Nous avions découvert d'autres compagnons de jeu : les scorpions. Moins nombreux que les cafards, mais nous avions notre réserve. Mon père, qui redoutait notre turbulence, avait installé sous la varangue, du côté le plus éloigné de sa chambre, deux trapèzes faits de bouts de corde et de vieux manches d'outils. Nous utilisions les trapèzes pour un exercice particulier : suspendus par les jambes et la tête en bas, nous relevions délicatement la natte de paille que mon père avait mise pour amortir une éventuelle chute, et nous regardions les scorpions se figer dans une posture défensive, les pinces dressées et leur queue pointant son dard. Les scorpions qui vivaient sous le tapis étaient généralement petits, noirs, probablement inoffensifs. Mais de temps à autre, le matin, ils avaient été remplacés par un spécimen plus grand, de couleur blanche tirant sur le jaune, et nous savions instinctivement que cette variété pouvait être venimeuse. Le jeu consistait, du haut du trapèze, à taquiner ces animaux avec un brin d'herbe ou une brindille, et à les regarder tourner, comme aimantés, autour de la main qui les agressait. Ils ne piquaient jamais l'instrument. Leurs yeux endurcis savaient faire la différence entre l'objet et la main qui le tenait. Pour corser l'affaire il fallait donc, de temps en temps, lâcher la brindille et avancer la main, puis la retirer prestement au moment où la queue du scorpion fouettait.

J'ai du mal aujourd'hui à me souvenir des sentiments qui nous animaient. Il me semble qu'il y avait dans ce rituel du trapèze et du scorpion quel-

que chose de respectueux, un respect évidemment
inspiré par la crainte. Comme les fourmis, les scorpions étaient les vrais habitants de ce lieu, nous ne
pouvions être que des locataires indésirables et iné-
vitables, destinés à nous en aller. Des colons, en
somme.

Les scorpions furent un jour au centre d'une
scène dramatique, dont le souvenir fait encore battre mon cœur aujourd'hui. Mon père (ce devait être
un dimanche matin, car il était à la maison) avait
découvert dans un placard un scorpion de la variété
blanche. En fait, une femelle scorpion, qui trans-
portait sa progéniture sur son dos. Mon père aurait
pu l'aplatir d'un coup de sa fameuse savate. Il ne
l'a pas fait. Il est allé chercher dans sa pharmacie
un flacon d'alcool à 90°, il en a aspergé le scorpion
et a gratté une allumette. Pour une raison que
j'ignore, le feu a d'abord pris autour de l'animal, en
formant un cercle de flammes bleues, et la femelle
scorpion s'est arrêtée dans une posture tragique, les
pinces levées au ciel, son corps bandé dressant au-
dessus de ses enfants son crochet à venin au bout
de sa glande, parfaitement visible. Une deuxième
giclée d'alcool l'a d'un seul coup embrasée. L'affaire
n'a pas pu durer plus de quelques secondes, et pourtant j'ai l'impression d'être resté longtemps à regarder sa mort. La femelle scorpion a tourné plusieurs
fois sur elle-même, sa queue agitée d'un spasme.
Ses petits étaient déjà morts et tombaient de son

dos, recroquevillés. Puis elle s'est immobilisée, ses pinces repliées sur sa poitrine dans un geste de résignation, et les hautes flammes se sont éteintes.

Chaque nuit, dans une sorte de revanche du monde animal, la case était envahie par des myriades d'insectes volants. Certains soirs, avant la pluie, ils étaient une armée. Mon père fermait les portes et les volets (il n'y avait pas de carreaux aux rares fenêtres), dépliait les moustiquaires au-dessus des lits et des hamacs. C'était une guerre perdue d'avance. Dans la salle à manger, nous nous dépêchions de manger la soupe d'arachide, pour pouvoir gagner l'abri des moustiquaires. Les insectes arrivaient par vagues, on les entendait s'écorcher sur les volets,

attirés par la lumière de la lampe à pétrole. Ils pas-
saient par les interstices des volets, sous les portes.
Ils tourbillonnaient follement dans la salle, autour
de la lampe, se brûlaient contre le verre. Aux murs,
là où la lumière se reflétait, les margouillats lan-
çaient leurs petits cris chaque fois qu'ils avalaient
une proie. Je ne sais pourquoi, il me semble qu'à
aucun autre endroit je n'ai ressenti cette impression
de famille, de faire partie d'une cellule. Après les
journées brûlantes, à courir dans la savane, après
l'orage et les éclairs, cette salle étouffante devenait
pareille à la cabine d'un bateau fermée contre la
nuit, tandis qu'au-dehors se déchaînait le monde
des insectes. Là j'étais vraiment à l'abri, comme à
l'intérieur d'une grotte. L'odeur de la soupe d'arachide, du foufou, du pain de manioc, la voix de
mon père avec son accent chantant, en train de raconter les anecdotes de sa journée à l'hôpital, et le
sentiment du danger au-dehors, l'armée invisible des
papillons de nuit qui frappait les volets, les margouillats excités, la nuit chaude, tendue, non pas
une nuit de repos et d'abandon comme autrefois,
mais une nuit fiévreuse, harassante. Et le goût de la
quinine dans la bouche, cette pilule extraordinairement petite et amère qu'il fallait avaler avec un
verre d'eau tiède puisée au filtre avant d'aller se
coucher, pour prévenir la malaria. Oui, je crois que
je n'ai jamais connu de tels moments d'intimité,
un tel mélange de rituel et de familier. Si loin de la

salle à manger de ma grand-mère, du luxe rassurant des vieux fauteuils de cuir, des conversations endormissantes et de la soupière fumante, décorée d'une guirlande de houx, dans la nuit calme et lointaine de la ville.

L'Africain

Mon père est arrivé en Afrique en 1928, après deux années passées en Guyane anglaise comme médecin itinérant sur les fleuves. Il en est reparti au début des années cinquante, lorsque l'armée a jugé qu'il avait dépassé l'âge de la retraite et qu'il ne pouvait plus servir. Plus de vingt ans durant lesquels il a vécu en brousse (un mot qu'on disait alors, qu'on ne dit plus aujourd'hui), seul médecin sur des territoires grands comme des pays entiers, où il avait la charge de la santé de milliers de gens.

L'homme que j'ai rencontré en 1948, l'année de mes huit ans, était usé, vieilli prématurément par le climat équatorial, devenu irritable à cause de la théophylline qu'il prenait pour lutter contre ses crises d'asthme, rendu amer par la solitude, d'avoir vécu toutes les années de guerre coupé du monde, sans nouvelles de sa famille, dans l'impossibilité de quitter son poste pour aller au secours de sa femme et de ses enfants, ou même de leur envoyer de l'argent.

La plus grande preuve d'amour qu'il a donnée aux siens, c'est lorsqu'en pleine guerre, il traverse le désert jusqu'en Algérie, pour tenter de rejoindre sa femme et ses enfants et les ramener à l'abri en Afrique. Il est arrêté avant d'atteindre Alger et il doit retourner au Nigeria. Ce n'est qu'à la fin de la guerre qu'il pourra revoir sa femme et faire la connaissance de ses enfants au cours d'une brève visite dont je ne garde aucun souvenir. De longues années d'éloignement et de silence, pendant lesquelles il a continué d'exercer son métier de médecin dans l'urgence, sans médicaments, sans matériel, tandis que partout dans le monde les gens s'entretuaient — cela devait être plus que difficile, cela devait être insoutenable, désespérant. Il n'en a jamais parlé. Il n'a jamais laissé entendre qu'il y ait eu dans son expérience quoi que ce soit d'exceptionnel. Tout ce que j'ai pu savoir de cette période, c'est ce que ma mère a raconté, ou qu'elle a livré parfois dans un soupir : « Ces années de guerre loin l'un de l'autre, c'était dur... » Encore ne parlait-elle pas d'elle-même. Elle voulait dire l'angoisse d'être prise au piège de la guerre, pour une femme seule et sans ressources avec deux enfants en bas âge. J'imagine que, pour beaucoup de femmes en France, cela a dû être difficile, avec un mari prisonnier en Allemagne, ou disparu sans laisser de traces. Sans doute pour cela cette époque terrible m'a-t-elle paru normale. Les hommes n'étaient pas là, il n'y avait autour de moi que des femmes et des gens très âgés. Ce n'est que longtemps après, quand l'égoïsme naturel aux enfants s'est estompé, que j'ai compris : ma mère, en vivant loin de mon père, avait pratiqué du fait de la guerre un héroïsme sans emphase, non par inconscience ni par résignation (même si la foi religieuse avait pu lui être d'un grand secours), mais par la force que faisait naître en elle une telle inhumanité.

Était-ce la guerre, cet interminable silence, qui avait fait de mon père cet homme pessimiste et ombrageux, autoritaire, que nous avons appris à craindre plutôt qu'à aimer ? Était-ce l'Afrique ? Alors, quelle Afrique ? Certainement pas celle qu'on perçoit aujourd'hui, dans la littérature ou dans le cinéma, bruyante, désordonnée, juvénile, familière, avec ses villages où règnent les matrones, les conteurs, où s'exprime à chaque instant la volonté admirable de survivre dans des conditions qui paraîtraient insurmontables aux habitants des régions plus favorisées. Cette Afrique-là existait déjà avant la guerre, sans aucun doute. J'imagine Douala, Port Harcourt, les rues encombrées de voitures, les marchés où courent les enfants luisant de sueur, les groupes de femmes parlant à l'ombre des arbres. Les grandes villes, Onitsha et son marché aux romans populaires, la rumeur des bateaux poussant les grumes sur le grand fleuve. Lagos, Ibadan, Cotonou, le mélange des genres, des peuples, des langues, le côté drolatique, caricatural de la société coloniale, les hommes d'affaires en complets et chapeaux, parapluies noirs impeccablement roulés, les salons surchauffés où s'éventent les Anglaises en robes décolletées, les terrasses des clubs où les agents de la Lloyd's, de la Glynn Mills, de la Barclay's fument leurs cigares en échangeant des mots sur le temps qu'il fait — *old chap, this is a tough country* — et les domestiques en habit et gants blancs qui circulent en silence en portant les cocktails sur des plateaux d'argent.

Mon père m'a raconté un jour comment il avait décidé de partir au bout du monde, quand il a eu terminé ses études de médecine à l'hôpital Saint Joseph dans le quartier d'Elephant & Castle, à Londres. Étant boursier du gouvernement, il devait effectuer un travail pour la communauté. Il fut donc affecté au département des maladies tropicales à l'hôpital de Southampton. Il prend le train, débarque à South-ampton, s'installe dans une pension. Son service ne débutant que trois jours plus tard, il flâne en ville, va voir les navires en partance. À son retour à la pension, une lettre l'attend, un mot très sec du chef de l'hôpital disant : « Monsieur, je n'ai pas encore reçu votre carte de visite. » Mon père fait donc imprimer les fameuses cartes (j'en ai encore un exemplaire), juste son nom, sans adresse, sans titre. Et il demande son affectation au ministère des Colonies. Quelques jours plus tard, il s'embarque à destination de Georgetown, en Guyane. Sauf pour deux brefs congés, pour son mariage puis pour la naissance de ses enfants, il ne reviendra plus en Europe jusqu'à la fin de sa vie active.

J'ai essayé d'imaginer ce qu'aurait pu être sa vie (donc la mienne) si, au lieu de fuir, il avait accepté l'autorité du chef de clinique de Southampton, s'était installé comme médecin de campagne dans la banlieue londonienne (ainsi que mon grand-père l'avait fait dans la banlieue parisienne), à Richmond, par exemple, ou même en Écosse (un pays qu'il avait toujours aimé). Je ne veux pas parler des changements que cela aurait procurés à ses enfants (car naître ici ou là n'a pas dans le fond une importance considérable). Mais ce que cela aurait changé en l'homme qu'il était, qui aurait mené une vie plus conforme, moins solitaire. De soigner des enrhumés et des constipés, plutôt que des lépreux, des impaludés ou des victimes d'encéphalite léthargique. D'apprendre à échanger, non sur le mode exceptionnel, par gestes, par interprète, ou dans cette langue élémentaire qu'était le *pidgin* english (rien à voir avec le créole de Maurice raffiné et spirituel), mais dans la vie de tous les jours, avec ces gens pleins d'une banalité qui vous rend proche, qui vous intègre à une ville, à un quartier, à une communauté.

Il avait choisi autre chose. Par orgueil sans doute, pour fuir la médiocrité de la société anglaise, par goût de l'aventure aussi. Et cette autre chose n'était pas gratuite. Cela vous plongeait dans un autre monde, vous emportait vers une autre vie. Cela vous exilait au moment de la guerre, vous faisait perdre votre femme et vos enfants, vous rendait, d'une certaine façon, inéluctablement étranger.

La première fois que j'ai vu mon père, à Ogoja, il m'a semblé qu'il portait des lorgnons. D'où me vient cette idée ? Les lorgnons n'étaient déjà plus très courants à cette époque. Peut-être qu'à Nice quelques vieux de la vieille avaient conservé cet accessoire, que j'imagine seyant parfaitement à d'anciens officiers russes de l'armée impériale, arborant moustache et favoris, ou bien inventeurs ruinés qui fréquentaient mes « tantes ». Pourquoi lui ? En réalité, mon père devait porter des lunettes à la mode des années trente, fine monture d'acier et verres ronds qui reflétaient la lumière. Les mêmes que je vois sur les portraits des hommes de sa génération, Louis Jouvet ou James Joyce (avec qui il avait du reste une certaine ressemblance). Mais une simple paire de lunettes ne suffisait pas à l'image que j'ai gardée de cette première rencontre, l'étrangeté, la dureté de son regard, accentuée par les deux rides verticales entre ses sourcils. Son côté anglais, ou pour mieux dire britannique, la raideur de sa tenue, la sorte d'armature rigide qu'il avait revêtue une fois pour toutes.

Je crois que dans les premières heures qui ont suivi mon arrivée au Nigeria — la longue piste de Port Harcourt à Ogoja, sous la pluie battante, dans la Ford V8 gigantesque et futuriste, qui ne ressemblait à aucun véhicule connu — ce n'est pas l'Afrique qui m'a causé un choc, mais la découverte de ce père inconnu, étrange, possiblement dangereux. En l'affublant de lorgnons, je justifiais mon sentiment. Mon père, mon *vrai* père pouvait-il porter des lorgnons ?

Son autorité a tout de suite posé un problème. Nous avions vécu, mon frère et moi, dans une sorte de paradis anarchique à peu près dépourvu de discipline. Le peu d'autorité auquel nous étions confrontés venait de ma grand-mère, une vieille dame généreuse et raffinée, qui était fondamentalement opposée à toute forme de châtiment corporel envers les enfants, lui préférant la raison et la douceur. Mon grand-père maternel, lui, avait reçu dans sa jeunesse mauricienne des principes plus stricts, mais son grand âge, l'amour qu'il portait à ma grand-mère, et cette sorte de distance ennuyée propre aux gros fumeurs l'isolaient dans un réduit où il s'enfermait à clef pour, justement, y fumer en paix son caporal.

Quant à ma mère, c'était la fantaisie et le charme. Nous l'aimions, et j'imagine que nos bêtises la faisaient rire. Je ne me rappelle pas l'avoir entendue élever la voix. Dès lors, nous avions carte blanche pour faire régner dans le petit appartement une terreur enfantine. Nous avons fait, dans les années qui ont précédé notre départ pour l'Afrique, des choses qui, avec le recul de l'âge, m'apparaissent en effet assez terribles : un jour, à l'instigation de mon frère, j'ai escaladé avec lui la rambarde du balcon (je la vois encore, nettement plus haute que moi) pour accéder à la gouttière, surplombant tout le quartier du haut des six étages. Je pense que mes grands-parents et ma mère ont été si effrayés que, lorsque nous avons consenti à revenir, ils ont oublié de nous punir.

Je me souviens aussi d'avoir été pris par des crises de rage, parce qu'on me refusait quelque chose, un bonbon, un joujou, bref pour une raison tellement insignifiante qu'elle ne m'a pas marqué, une rage telle que je jetais par la fenêtre tout ce qui me tombait sous la main, jusqu'à des meubles. À ces moments, rien ni personne ne pouvait me calmer. Parfois me revient encore la sensation de ces bouffées de colère, quelque chose que je ne peux comparer qu'à l'ivresse de l'éthéromane (l'éther qu'on faisait respirer aux enfants avant de leur arracher les amygdales). La perte de contrôle, l'impression de flotter, et en même temps une extrême lucidité. C'est l'époque où je suis également la proie de violents maux de tête, par instants si insupportables que je dois me cacher sous les meubles pour ne plus voir la lumière. D'où venaient ces crises ? Il me semble aujourd'hui que la seule explication serait l'angoisse des années de guerre. Un monde fermé, sombre, sans espoir. La nourriture désastreuse — ce pain noir, dont on disait qu'il était mêlé de sciure de bois, et qui avait failli causer ma mort à l'âge de trois ans. Le bombardement du port de Nice qui m'avait jeté à terre dans la salle de bains de ma grand-mère, cette sensation que je ne peux pas oublier du sol qui se dérobe sous mes pieds. Ou encore l'image de l'ulcère sur la jambe de ma grand-mère, aggravé par les pénuries et le manque de médicaments ; je suis dans le village de montagne où ma mère est allée se cacher, du fait de la position de mon père dans l'armée britannique et du risque de déportation. Nous faisons la queue devant le magasin d'alimentation et je regarde les mouches qui se posent sur la plaie ouverte de la jambe de ma grand-mère.

Le voyage en Afrique met fin à tout cela. Un changement radical : sur instructions de mon père, avant le départ, je dois me faire couper les cheveux, que j'ai portés jusque-là longs comme ceux d'un petit Breton, ce qui eut pour résultat de m'infliger un extraordinaire coup de soleil sur les oreilles, et de me faire rentrer dans le rang de la normalité masculine. Plus jamais je ne ressentirai ces atroces migraines, plus jamais je ne pourrai donner libre cours aux crises de colère de ma petite enfance. L'arrivée en Afrique a été pour moi l'entrée dans l'antichambre du monde adulte.

De Georgetown à Victoria

À l'âge de trente ans, mon père quitte South-ampton à bord d'un cargo mixte à destination de Georgetown, en Guyane britannique. Les rares photos de lui à cette époque montrent un homme robuste, à l'allure sportive, vêtu de façon élégante, complet veston, chemise à col dur, cravate, gilet, souliers de cuir noir. Bientôt huit ans qu'il est parti de Maurice, après l'expulsion de sa famille de la maison natale, le fatal jour de l'an de 1919. Dans le petit carnet où il a consigné les événements marquants des derniers jours passés à Moka, il écrit : « À présent, je n'ai plus qu'un désir, partir très loin d'ici et ne jamais revenir. » La Guyane, c'était effectivement l'autre extrémité du monde, les antipodes de Maurice.

Est-ce le drame de Moka qui a justifié cet éloignement ? Il y a eu sans doute au moment de son départ une détermination qui ne l'a jamais quitté. Il ne pouvait pas être comme les autres. Il ne pouvait pas oublier. Il ne parlait jamais de l'événement qui avait été à l'origine de la dispersion de tous les membres de sa famille. Sauf, de temps en temps, pour laisser échapper un éclat de colère.

Pendant sept ans il étudie à Londres, d'abord dans une école d'ingénieurs, puis à la faculté de médecine. Sa famille est ruinée, et il ne peut compter que sur la bourse du gouvernement. Il ne peut pas se permettre d'échouer. Il fait une spécialité de médecine tropicale. Il sait déjà qu'il n'aura pas les moyens de s'installer comme médecin privé. L'épisode de la carte de visite exigée par le médecin-chef de l'hôpital de Southampton ne sera que le prétexte à rompre avec la société européenne.

La seule part de douceur dans sa vie, à ce moment-là, c'est la fréquentation de son oncle à Paris, la passion qu'il éprouve pour sa cousine germaine, ma mère. Les congés qu'il passe en France auprès d'eux sont le retour imaginaire vers un passé qui n'est plus. Mon père est né dans la même maison que son oncle, à tour de rôle ils y ont grandi, ils ont connu les mêmes lieux, les mêmes secrets, les mêmes cachettes, ils se sont baignés dans le même ruisseau. Ma mère n'a pas vécu là-bas (elle est née à Milly), mais elle en a toujours entendu parler par son père, cela fait partie de son passé, pour elle cela a le goût d'un rêve inaccessible et familier (car, en ce temps-là, Maurice est si loin qu'on ne peut qu'en rêver). Mon père et elle sont unis par ce rêve, ils sont ensemble comme les exilés d'un pays inaccessible.

Il n'importe. Mon père a décidé de partir, il partira. Le Colonial Office vient de lui attribuer un poste de médecin sur les fleuves de Guyane. Dès qu'il arrive, il affrète une pirogue munie d'un toit de palmes et propulsée par un moteur Ford à axe long. À bord de sa pirogue, accompagné par l'équipe, infirmiers, pilote, guide et interprète, il remonte les rivières : le Mazaruni, l'Essequeibo, le Kupurung, le Demerara.

Il prend des photos. Avec son Leica à soufflet, il collectionne des clichés en noir et blanc qui représentent mieux que des mots son éloignement, son enthousiasme devant la beauté de ce nouveau monde. La nature tropicale n'est pas une découverte pour lui. À Maurice, dans les ravins, sous le pont de Moka, la rivière Terre-Rouge n'est pas différente de ce qu'il trouve en haut des fleuves. Mais ce pays est immense, il n'appartient pas encore tout à fait aux hommes. Sur ses photos paraissent la solitude, l'abandon, l'impression d'avoir touché à la rive la plus lointaine du monde. Du débarcadère du Berbice, il photographie la nappe bistre sur laquelle glisse une pirogue, contre un village de tôle semé d'arbres malingres. Sa maison, une sorte de chalet de planches sur pilotis, au bord d'une route vide, flanquée d'un seul palmier absurde. Ou bien encore la ville de Georgetown, silencieuse et endormie dans

la chaleur, maisons blanches aux volets fermés contre
le soleil, entourées des mêmes palmiers, emblèmes
obsédants des tropiques.

Les photos que mon père a aimé prendre, ce
sont celles qui montrent l'intérieur du continent, la
force inouïe des rapides que sa pirogue doit remonter, halée sur des rondins, à côté des marches de
pierre où l'eau cascade, avec sur chaque rive les murs
sombres de la forêt.

Les chutes de Kaburi, sur le Mazaruni, l'hôpital
de Kamakusa, les maisons de bois le long du fleuve,
les boutiques de chercheurs de diamants. Soudain
une bonace sur un bras du Mazaruni, un miroir
d'eau qui étincelle et entraîne vers la rêverie. Sur la
photo apparaît l'étrave de la pirogue en train de
descendre le fleuve, je la regarde et je sens le vent,
l'odeur de l'eau, j'entends malgré le grondement du
moteur le crissement incessant des insectes dans la
forêt, je perçois l'inquiétude qui naît à l'approche
de la nuit. À l'embouchure du río Demerara, les
palans chargent le sucre demerara à bord des cargos
rouillés. Et sur une plage, où viennent mourir les
vagues du sillage, deux enfants indiens me regardent, un petit garçon de six ans environ et sa sœur
à peine plus âgée, tous deux ont le ventre distendu
par la parasitose, leurs cheveux très noirs coupés
« au bol » au ras des sourcils, comme moi à leur âge.
De son séjour en Guyane, mon père ne rapportera
que le souvenir de ces deux enfants indiens, debout

Leeds Metropolitan University
Self Issue
Headingley Campus Library

Customer name: Arwood, Ryan . (Mr)
Customer ID: 0771348984

Title: The fifth child
ID: 700048189X
Due: 4/10/2013,23:59

Title: Ghostwritten · a novel
ID: 1704423510
Due: 4/10/2013,23:59

Title: L'Africain
ID: 1704457111
Due: 4/10/2013,23:59

Total items: 3
20/09/2013 20:32
Checked out: 3
Overdue: 0
Hold requests: 0
Ready for pickup: 0

Need help? Why not Chat with Us 24/7?
See the Need Help? page on Library Online
Libraryonline.leedsmet.ac.uk

au bord du fleuve, qui l'observent en grimaçant un peu à cause du soleil. Et ces images d'un monde encore sauvage, entraperçu le long des fleuves. Un monde mystérieux et fragile, où règnent les maladies, la peur, la violence des orpailleurs et des chercheurs de trésors, où l'on entend le chant de désespérance du monde amérindien en train de disparaître. S'ils vivent encore, que sont devenus ce garçon et cette fille ? Ils doivent être des vieillards, proches du terme de l'existence.

Plus tard, longtemps après, je suis allé à mon tour au pays des Indiens, sur les fleuves. J'ai connu des enfants semblables. Sans doute le monde a-t-il changé beaucoup, les rivières et les forêts sont moins pures qu'elles n'étaient au temps de la jeunesse de mon père. Pourtant il m'a semblé comprendre le sentiment d'aventure qu'il avait éprouvé en débarquant au port de Georgetown. Moi aussi, j'ai acheté une pirogue, j'ai voyagé debout à la proue, les orteils écartés pour mieux agripper le bord, balançant la longue perche dans mes mains, regardant les cormorans s'envoler devant moi, écoutant le vent souffler dans mes oreilles et les échos du moteur de hors-bord s'enfoncer derrière moi dans l'épaisseur de la forêt. En examinant la photo prise par mon père à l'avant de la pirogue, j'ai reconnu la proue au museau un peu carré, la corde d'amarrage enroulée et, posée en travers de la coque pour servir occa-

sionnellement de banquette, la *canalete*, la pagaie
indienne à lame triangulaire. Et devant moi, au bout
de la longue « rue » du fleuve, les deux murailles
noires de la forêt qui se referment.

Quand je suis revenu des terres indiennes, mon
père était déjà malade, enfermé dans son silence
obstiné. Je me souviens de l'étincelle dans ses yeux
quand je lui ai raconté que j'avais parlé de lui aux
Indiens, et qu'ils l'invitaient à retourner sur les
fleuves, qu'en échange de son savoir et de ses médicaments, ils lui offraient une maison et la nourriture pour le temps qu'il voudrait. Il a eu un léger
sourire, il a dit, je crois : « Il y a dix ans, j'y serais
allé. » C'était trop tard, le temps ne se remonte pas,
même dans les rêves.

C'est la Guyane qui a préparé mon père à l'Afrique. Après tout ce temps passé sur les fleuves, il ne
pouvait pas revenir en Europe — encore moins à
Maurice, ce petit pays où il se sentait à l'étroit au
milieu de gens égoïstes et vaniteux. Un poste venait
d'être créé en Afrique de l'Ouest, dans la bande de
terre reprise à l'Allemagne à la fin de la Première
Guerre mondiale, et qui comprenait l'est du Nigeria
et l'ouest du Cameroun, sous mandat britannique.
Mon père s'est porté volontaire. Début 1928, il est
dans un bateau qui longe la côte de l'Afrique à destination de Victoria, sur la baie du Biafra.

C'est ce même voyage que j'ai fait, vingt ans plus

tard, avec ma mère et mon frère, pour retrouver mon père au Nigeria après la guerre. Mais lui n'est pas un enfant qui se laisse porter par le courant des événements. Il a alors trente-deux ans, c'est un homme endurci par deux années d'expérience médicale en Amérique tropicale, il connaît la maladie et la mort, il les a côtoyées chaque jour, dans l'urgence, sans protection. Son frère Eugène, qui a été médecin avant lui en Afrique, le lui a certainement dit : il ne va pas dans un pays facile. Le Nigeria est sans doute « pacifié », occupé par l'armée britannique. Mais c'est une région où la guerre est permanente, guerre des hommes entre eux, guerre de la pauvreté, guerre des mauvais traitements et de la corruption hérités de la colonisation, guerre microbienne surtout. Au Calabar, au Cameroun, l'ennemi n'est plus Aro Chuku et son oracle, ni les armées des Foulanis et leurs longues carabines venues d'Arabie. Les ennemis s'appellent kwashiorkor, bacille virgule, ténia, bilharzia, variole, dysenterie amibienne. Face à ces ennemis, la trousse de médecin de mon père doit lui paraître bien légère. Scalpel, pinces à clampser, trépan, stéthoscope, garrots, et quelques outils de base, dont la seringue de laiton avec laquelle il m'a injecté plus tard des vaccins. Les antibiotiques, la cortisone n'existent pas. Les sulfamides sont rares, les poudres et les onguents ressemblent à des potions de sorcier. Les vaccins sont en quantité très limitée, pour combattre les épidémies. Le territoire à parcourir pour livrer cette bataille aux maladies est immense. À côté de ce qui attend mon père en Afrique, les expéditions pour remonter les fleuves de Guyane ont pu lui sembler des promenades. Dans l'Ouest africain, il va rester vingt-deux ans, jusqu'à la limite de ses forces. Ici, il connaîtra tout, depuis l'enthousiasme du commencement, la découverte des grands fleuves, le Niger, le Bénoué, jusqu'aux hautes terres du Cameroun. Il partagera l'amour et l'aventure avec sa femme, à cheval sur les sentiers de montagne. Puis la solitude et l'angoisse de la guerre, jusqu'à l'usure, jusqu'à l'amertume des derniers instants, ce sentiment d'avoir dépassé la mesure d'une vie.

Tout cela, je ne l'ai compris que beaucoup plus tard, en partant comme lui, pour voyager dans un autre monde. Je l'ai lu, non pas sur les rares objets, masques, statuettes, et les quelques meubles qu'il avait rapportés du pays ibo et des Grass Fields du Cameroun. Ni même en regardant les photos qu'il a prises pendant les premières années, à son arrivée en Afrique. Je l'ai su en redécouvrant, en apprenant à mieux lire les objets de la vie quotidienne qui ne l'avaient jamais quitté, même pendant sa retraite en France : ces tasses, assiettes de métal émaillé bleu et blanc faites en Suède, ces couverts en aluminium avec lesquels il avait mangé pendant toutes ces années, ces gamelles emboîtées qui lui servaient en campagne, dans les cases de passage. Et tous les autres objets, marqués, cabossés par les cahots, portant la trace des pluies diluviennes et la décoloration particulière du soleil sous l'équateur, des objets dont il avait refusé de se défaire et qui, à ses yeux, valaient mieux que n'importe quel bibelot ou souvenir folklorique. Ses malles de bois cerclées de fer, dont il avait repeint plusieurs fois les gonds et les serrures, et sur lesquelles je lisais encore l'adresse du port de destination finale : General Hospital, Victoria, Cameroons. Outre ces bagages dignes d'un voyageur du temps de Kipling ou de Jules Verne, il y avait toute la série des boîtes à cirage et des pains de savon noir, les lampes à pétrole, les brûleurs d'alcool, et ces grandes boîtes à biscuits « Marie » en fer dans lesquelles il a gardé jusqu'à la fin de sa vie son thé et son sucre en poudre. Les outils aussi, ses instruments de chirurgien, qu'il utilisait en France pour faire la cuisine, découpant le poulet au scalpel et servant avec une pince à clampser. Les meubles enfin, non pas ces fameux tabourets et trônes monoxyles d'art nègre. Il leur préférait son vieux fauteuil pliant en toile et bambou qu'il avait transporté d'une case de passage à l'autre sur tous les chemins de montagne, et la petite table au plateau de rotin qui servait de support à son poste de radio, sur lequel, jusqu'à la fin de sa vie, il écoutait chaque soir, à sept heures, les informations de la BBC : *Pom pom pom pom ! British Broadcasting Corporation, here is the news !*

C'était comme s'il n'avait jamais quitté l'Afrique. À son retour en France, il avait gardé les habitudes de son métier, levé à six heures, habillé (toujours de son pantalon de toile kaki), ses chaussures cirées, son chapeau sur la tête, pour aller faire ses courses au marché — comme jadis il partait pour la tournée des lits à l'hôpital –, de retour chez lui à huit heures, pour préparer le repas — avec la minutie d'une intervention chirurgicale. Il avait conservé toutes les manies des anciens militaires. L'homme qui avait reçu l'entraînement des médecins en pays lointains — être ambidextre, capable de s'opérer soi-même en se servant d'un miroir ou de recoudre sa hernie. L'homme aux mains calleuses de chirurgien, qui pouvait scier un os ou placer une attelle, qui savait faire des nœuds et des épissures — cet homme n'utilisait plus son énergie et son savoir qu'à ces tâches minuscules et ingrates auxquelles se refusent la plupart des gens à la retraite : avec la même application, il faisait la vaisselle, réparait les tomettes cassées de son appartement, lavait son linge, reprisait ses chaussettes, construisait des bancs et des étagères avec du bois de caisse. L'Afrique avait mis en lui une marque qui se confondait avec les traces laissées par l'éducation spartiate de sa famille à Maurice. L'habit à l'occidentale qu'il endossait chaque matin pour aller au marché devait lui peser. Dès qu'il rentrait chez lui, il enfilait une large chemise bleue à la manière des tuniques des Haoussas du Cameroun, qu'il gardait jusqu'à l'heure de se coucher. C'est ainsi que je le vois à la fin de sa vie. Non plus l'aventurier ni le militaire inflexible. Mais un vieil homme dépaysé, exilé de sa vie et de sa passion, un survivant.

L'Afrique, pour mon père, a commencé en touchant la Gold Coast, à Accra. Image caractéristique de la Colonie : des voyageurs européens, vêtus de blanc et coiffés du casque Cawnpore, sont débarqués dans une nacelle et transportés jusqu'à terre à bord d'une pirogue montée par des Noirs. Cette Afrique-là n'est pas très dépaysante : c'est l'étroite bande qui suit le contour de la côte, depuis la pointe du Sénégal jusqu'au golfe de Guinée, que connaissent tous ceux qui viennent des métropoles pour faire des affaires et s'enrichir promptement. Une société qui, en moins d'un demi-siècle, s'est architecturée en castes, lieux réservés, interdits, privilèges, abus et profits. Banquiers, agents commerciaux, administrateurs civils ou militaires, juges, policiers et gendarmes. Autour d'eux, dans les grandes villes portuaires, Lomé, Cotonou, Lagos, comme à Georgetown en Guyane, s'est créée une zone propre, luxueuse, avec pelouses impeccables et terrains de golf, et des palais de stuc ou de bois précieux dans de vastes palmeraies, au bord d'un lac artificiel, telle la maison du directeur du service médical à Lagos. Un peu plus loin, le cercle des colonisés, avec l'échafaudage complexe qu'ont décrit Rudyard Kipling pour l'Inde et Rider Haggard pour l'Est africain. C'est la frange domestique, l'élastique tampon des intermédiaires, greffiers, grouillots, chaouchs, chocras (les mots ne manquent pas !), habillés à demi à l'européenne, portant chaussures et parapluies noirs. Enfin, à l'extérieur, c'est l'océan immense des Africains, qui ne connaissent des Occidentaux que leurs ordres et l'image presque irréelle d'une voiture carrossée de noir qui roule à toute vitesse dans un nuage de poussière et qui traverse en cornant leurs quartiers et leurs villages.

C'est cette image que mon père a détestée. Lui qui avait rompu avec Maurice et son passé colonial, et se moquait des planteurs et de leurs airs de grandeur, lui qui avait fui le conformisme de la société anglaise, pour laquelle un homme ne valait que par sa carte de visite, lui qui avait parcouru les fleuves sauvages de Guyane, qui avait pansé, recousu, soigné les chercheurs de diamants et les Indiens sous-alimentés ; cet homme ne pouvait pas ne pas vomir le monde colonial et son injustice outrecuidante, ses cocktails parties et ses golfeurs en tenue, sa domesticité, ses maîtresses d'ébène prostituées de quinze ans introduites par la porte de service, et ses épouses officielles pouffant de chaleur et faisant rejaillir leur rancœur sur leurs serviteurs pour une question de gants, de poussière ou de vaisselle cassée.

En parlait-il ? D'où me vient cette instinctive répulsion que j'ai ressentie depuis l'enfance pour le système de la Colonie ? Sans doute ai-je capté un mot, une réflexion, à propos des ridicules des administrateurs, tel le district officer d'Abakaliki que mon père m'emmenait voir parfois et qui vivait au milieu de sa meute de pékinois nourris au filet de bœuf et aux petits gâteaux, abreuvés uniquement à l'eau minérale. Ou bien les récits de grands Blancs qui voyageaient en convoi, à la chasse aux lions et aux éléphants, armés de fusils à lunette et de balles explosives, et qui, lorsqu'ils croisaient mon père dans ces contrées perdues, le prenaient pour un organisateur de safaris et l'interrogeaient sur la présence d'animaux sauvages, à quoi mon père répondait : « Depuis vingt ans que je suis ici, je n'en ai jamais vu un, à moins que vous ne parliez de serpents et de vautours. » Ou encore le district officer en poste à Obudu, à la frontière du Cameroun, qui s'amusait à me faire toucher les crânes des gorilles qu'il avait tués et me montrait les collines derrière chez lui en prétendant qu'on entendait le soir la pétarade des grands singes qui le provoquaient en se frappant la poitrine. Et surtout, l'image obsédante que j'ai gardée, sur la route qui conduisait à la piscine d'Abakaliki, la cohorte des prisonniers noirs enchaînés, marchant au pas cadencé, encadrés par les policiers armés de fusils.

Peut-être est-ce le regard de ma mère sur ce
continent à la fois si neuf et si malmené par le
monde moderne ? Je ne me souviens pas de ce
qu'elle nous disait, à mon frère et à moi, quand elle
nous parlait du pays où elle avait vécu avec mon
père, où nous devions le rejoindre un jour. Je sais
seulement que, lorsque ma mère a décidé de se ma-
rier avec mon père, et d'aller vivre au Cameroun,
ses amies parisiennes lui ont dit : « Quoi, chez les
sauvages ? » et qu'elle, après tout ce que mon père
lui avait raconté, n'a pu que répondre : « Ils ne sont
pas plus sauvages que les gens à Paris ! »

Après Lagos, Owerri, Abo, non loin du fleuve
Niger. Déjà mon père est loin de la zone « civilisée ».
Il est devant les paysages de l'Afrique équatoriale
tels que les décrit André Gide dans son *Voyage au
Congo* (à peu près contemporain de l'arrivée de
mon père au Nigeria) : l'étendue du fleuve, vaste
comme un bras de mer, sur lequel naviguent piro-
gues et bateaux à aubes, et les affluents, la rivière
d'Ahoada avec ses « sampans » aux toits de palmes,
poussés par des perches, et plus près de la côte, la
rivière Calabar, et l'échancrure du village d'Obukun,
taillée à coups de machette dans l'épaisseur de la
forêt. Ce sont les premières images que mon père
reçoit du pays où il va passer la plus grande partie
de sa vie active, du pays qui va devenir, par force et
par nécessité, son vrai pays.

J'imagine son exaltation à l'arrivée à Victoria, après vingt jours de voyage. Dans la collection de clichés pris par mon père en Afrique, il y a une photo qui m'émeut particulièrement, parce que c'est celle qu'il a choisi d'agrandir pour en faire un tableau. Elle traduit son impression d'alors, d'être au commencement, au seuil de l'Afrique, dans un endroit presque vierge. Elle montre l'embouchure de la rivière, à l'endroit où l'eau douce se mêle à la mer. La baie de Victoria dessine une courbe terminée par une pointe de terre où les palmiers sont inclinés dans le vent du large. La mer déferle sur les roches noires et vient mourir sur la plage. Les embruns apportés par le vent recouvrent les arbres de la forêt, se mêlent à la vapeur des marécages et de la rivière. Il y a du mystère et de la sauvagerie, malgré la plage, malgré les palmes. Au premier plan, tout près du rivage, on voit la case blanche dans laquelle mon père a logé en arrivant. Ce n'est pas par hasard que mon père, pour désigner ces maisons de passage africaines, utilise le mot très mauricien de « campement ». Si ce paysage le requiert, s'il fait battre mon cœur aussi, c'est qu'il pourrait être à Maurice, à la baie du Tamarin, par exemple, ou bien au cap Malheureux, où mon père allait parfois en excursion dans son enfance. Peut-être a-t-il cru, au moment où il arrivait, qu'il allait retrouver quelque chose de l'innocence perdue, le souvenir de cette île que les circonstances avaient arrachée à son cœur ? Comment n'y aurait-il pas pensé ? C'était bien la même terre rouge, le même ciel, le même vent constant de la mer, et partout, sur les routes, dans les villages, les mêmes visages, les mêmes rires d'enfants, la même insouciance nonchalante. Une terre originelle, en quelque sorte, où le temps aurait fait marche arrière, aurait détricoté la trame d'erreurs et de trahisons.

Pour cela, je sens son impatience, son grand désir de pénétrer à l'intérieur du pays, pour commencer son métier de médecin. De Victoria, les pistes le conduisent à travers le mont Cameroun vers les hauts plateaux où il doit prendre son poste, à Bamenda. C'est là qu'il va travailler pendant les premières années, dans un hôpital à moitié en ruine, un dispensaire de bonnes sœurs irlandaises, murs de boue séchée et toit de palmes. C'est là qu'il va passer les années les plus heureuses de sa vie.

Sa maison, c'est Forestry House, une vraie maison en bois à étage, recouverte d'un toit de feuilles que mon père va s'employer à reconstruire avec le plus grand soin. En contrebas, dans la vallée, non loin des prisons, se trouve la ville haoussa avec ses remparts de pisé et ses hautes portes, telle qu'elle était au temps de la gloire de l'Adamawa. Un peu à l'écart, l'autre ville africaine, le marché, le palais du roi de Bamenda, et la maison de passage du district officer et des officiers de Sa Majesté (ils ne sont venus qu'une seule fois, pour décorer le roi). Une photo prise par mon père, sans doute un peu satirique, montre ces messieurs du gouvernement britannique, raides dans leurs shorts et leurs chemises empesées, coiffés du casque, mollets moulés dans leurs bas de laine, en train de regarder le défilé des guerriers du roi, en pagne et la tête décorée de fourrure et de plumes, brandissant des sagaies.

C'est à Bamenda que mon père emmène ma mère après leur mariage, et Forestry House est leur première maison. Ils installent leurs meubles, les seuls meubles qu'ils ont jamais achetés et qu'ils emporteront avec eux partout : des tables, des fauteuils taillés dans des troncs d'iroko, décorés de sculptures traditionnelles des hauts plateaux de l'Ouest camerounais, léopards, singes, antilopes. La photo que mon père prend de leur salon à Forestry House montre un décor très « colonial » : au-dessus du manteau de la cheminée (il fait froid à Bamenda en hiver) est accroché un grand bouclier en peau d'hippopotame, assorti de deux lances croisées. Il s'agit vraisemblablement d'objets laissés là par un précédent occupant, car cela ne ressemble pas à ce que mon père pouvait rechercher. Les meubles sculptés, en revanche, l'ont accompagné jusqu'en France. J'ai passé une grande partie de mon enfance et de mon adolescence au milieu de ces meubles, assis sur les tabourets pour y lire les dictionnaires.

J'ai joué avec les statues d'ébène, avec les sonnettes de bronze, j'ai utilisé les cauris en guise d'osselets. Pour moi, ces objets, ces bois sculptés et ces masques accrochés aux murs n'étaient pas du tout exotiques. Ils étaient ma part africaine, ils prolongeaient ma vie et, d'une certaine façon, ils l'expliquaient. Et avant ma vie, ils parlaient du temps que mon père et ma mère avaient vécu là-bas, dans cet autre monde où ils avaient été heureux. Comment dire ? J'ai ressenti de l'étonnement, et même de l'indignation, lorsque j'ai découvert, longtemps après, que de tels objets pouvaient être achetés et exposés par des gens qui n'avaient rien connu de tout cela, pour qui ils ne signifiaient rien, et même pis, pour qui ces masques, ces statues et ces trônes n'étaient pas des choses vivantes, mais la peau morte qu'on appelle souvent l'« art ».

Pendant leurs premières années de mariage, mon père et ma mère ont vécu là leur vie amoureuse, à Forestry House et sur les routes du haut pays camerounais, jusqu'à Banso. Avec eux voyageaient leurs employés, Njong le chocra, Chindefondi l'interprète, Philippus le chef des porteurs. Philippus était l'ami de ma mère. C'était un homme de petite taille, doué d'une force herculéenne, capable de pousser un tronc pour dégager la route ou de porter des charges que personne n'aurait pu soulever. Ma mère racontait que plusieurs fois il l'avait aidée à traverser des rivières en crue, en la tenant à bout de bras au-dessus de l'eau.

Avec eux voyageaient aussi les inséparables compagnons de mon père, qu'il avait adoptés à son arrivée à Bamenda : James et Pégase, les chevaux, le front marqué d'une étoile blanche, capricieux et doux. Et son chien, nommé Polisson, une sorte de braque dégingandé qui trottait en avant sur les chemins, et qui se couchait à ses pieds partout où il s'arrêtait, même lorsque mon père devait poser pour une photo officielle en compagnie des rois.

*Banso**

À partir de mars 1932, mon père et ma mère quittent la résidence de Forestry House à Bamenda et s'installent dans la montagne, à Banso, où un hôpital doit être créé. Banso est au bout de la route de latérite carrossable en toutes saisons. C'est au seuil du pays qu'on dit « sauvage », le dernier poste où s'exerce l'autorité britannique. Mon père y sera le seul médecin, et le seul Européen, ce qui n'est pas pour lui déplaire.

Le territoire qu'il a en charge est immense. Cela va de la frontière avec le Cameroun sous mandat français, au sud-est, jusqu'aux confins de l'Adamawa au nord, et comprend la plus grande partie des chefferies et des petits royaumes qui ont échappé à l'autorité directe de l'Angleterre après le départ des Allemands : Kantu, Abong, Nkom, Bum, Foumban, Bali. Sur la carte qu'il a établie lui-même, mon

* Aujourd'hui : Kumbo.

père a noté les distances, non en kilomètres, mais en heures et jours de marche. Les précisions indiquées sur la carte donnent la vraie dimension de ce pays, la raison pour laquelle il l'aime : les passages à gué, les rivières profondes ou tumultueuses, les côtes à gravir, les lacets du chemin, les descentes au fond des vallées qu'on ne peut faire à cheval, les falaises infranchissables. Sur les cartes qu'il dessine, les noms forment une litanie, ils parlent de marche sous le soleil, à travers les plaines d'herbes, ou l'escalade laborieuse des montagnes au milieu des nuages : Kengawmeri, Mbiami, Tanya, Ntim, Wapiri, Ntem, Wanté, Mbam, Mfo, Yang, Ngonkar, Ngom, Nbirka, Ngu, trente-deux heures de marche, c'est-à-dire cinq jours à raison de dix kilomètres par jour sur un terrain difficile. Plus les arrêts dans les hameaux, les bivouacs, les soins à donner, les vaccins, les discussions (les fameuses palabres) avec les autorités locales, les plaintes qu'il faut écouter, et le journal de bord à tenir, l'économie à surveiller, les médicaments à commander à Lagos, les instructions à laisser aux officiers de santé et aux infirmiers dans les dispensaires.

Pendant plus de quinze ans, ce pays sera le sien. Il est probable que personne ne l'aura mieux ressenti que lui, à ce point parcouru, sondé, souffert. Rencontré chaque habitant, mis au monde beaucoup, accompagné d'autres vers la mort. Aimé surtout, parce que, même s'il n'en parlait pas, s'il n'en

racontait rien, jusqu'à la fin de sa vie il aura gardé
la marque et la trace de ces collines, de ces forêts et
de ces herbages, et des gens qu'il y a connus.

À l'époque où il parcourt la province du Nord-
Ouest, les cartes sont inexistantes. La seule carte
imprimée dont il dispose est la carte d'état-major
de l'armée allemande au 1/300 000 relevée par
Moisel en 1913. Hormis les principaux cours d'eau,
le Donga Kari affluent du Bénoué au nord et la
rivière Cross au sud, et les deux cités anciennes
fortifiées de Banyo et de Kentu, la carte est impré-
cise. Abong, le village le plus au nord du territoire
médical de mon père, à plus de dix jours de marche, est mentionné sur la carte de l'armée allemande avec un point d'interrogation. Les districts
de Kaka, de Mbembé sont si loin de la zone côtière
que c'est comme s'ils appartenaient à un autre
pays. Les gens qui y vivent pour la plupart n'ont
jamais vu d'Européens, les plus âgés se souviennent
avec horreur de l'occupation de l'armée allemande,
des exécutions, des rapts d'enfants. Ce qui est certain, c'est qu'ils n'ont pas la moindre idée de ce
que représente la puissance coloniale de l'Angleterre ou de la France, et n'imaginent pas la guerre
qui se prépare à l'autre bout du monde. Ce ne sont
pas des régions isolées ni sauvages (comme mon père
pourra le dire, en revanche, du Nigeria, et particulièrement de la forêt autour d'Ogoja). Au contraire,
c'est un pays prospère, où on cultive les arbres frui-

tiers, l'igname et le mil, où on pratique l'élevage. Les royaumes sont au cœur d'une zone d'influence, sous l'inspiration de l'islam venu des empires du Nord, de Kano, des émirats de Bornu et d'Agadez, de l'Adamawa, apporté par les colporteurs foulanis et les guerriers haoussas. À l'est, il y a Banyo et le pays bororo, au sud l'antique culture des Bamouns de Foumban qui pratiquent l'échange, sont maîtres dans l'art de la métallurgie et utilisent même une écriture inventée en 1900 par le roi Njoya. La colonisation européenne en fin de compte a très peu touché la région. Douala, Lagos, Victoria sont à des années de là. Les montagnards de Banso continuent à vivre comme ils l'ont toujours fait, selon un rythme lent, en harmonie avec la nature sublime qui les entoure, cultivant la terre et paissant leurs troupeaux de vaches à longues cornes.

Les clichés que mon père prend avec son Leica montrent l'admiration qu'il éprouve pour ce pays. Le Nsungli, par exemple, aux abords de Nkor : une Afrique qui n'a rien de commun avec la zone côtière, où règne une atmosphère lourde, où la végétation est étouffante, presque menaçante. Où pèse encore plus lourdement la présence des armées d'occupation française et britannique.

Ici, c'est un pays aux horizons lointains, au ciel plus vaste, aux étendues à perte de vue. Mon père et ma mère y ressentent une liberté qu'ils n'ont jamais connue ailleurs. Ils marchent tout le jour,

tantôt à pied, tantôt à cheval, et s'arrêtent le soir
pour dormir sous un arbre à la belle étoile, ou dans
un campement sommaire, comme à Kwolu, sur la
route de Kishong, une simple hutte de boue séchée
et de feuilles où ils accrochent leurs hamacs. À
Ntumbo, sur le plateau, ils croisent un troupeau,
que mon père photographie avec ma mère au premier plan. Ils sont si haut que le ciel brumeux
semble s'appuyer sur les cornes en demi-lune des
vaches et voile le sommet des montagnes alentour.
Malgré la mauvaise qualité des tirages, le bonheur
de mon père et de ma mère est perceptible. Au dos
d'une photo prise quelque part dans la région des
Grass Fields, en pays mbembé, qui montre le paysage devant lequel ils ont passé la nuit, mon père

écrit avec une emphase inhabituelle : « L'immensité qu'on voit au fond, c'est la plaine sans fin. »

Je peux ressentir l'émotion qu'il éprouve à traverser les hauts plateaux et les plaines herbeuses, à chevaucher sur les étroits sentiers qui serpentent à flanc de montagne, découvrant à chaque instant de nouveaux panoramas, les lignes bleues des sommets qui émergent des nuages tels des mirages, baignés dans la lumière de l'Afrique, tantôt violente à midi, tantôt atténuée par le crépuscule, quand la terre rouge et les herbes fauves semblent éclairées de l'intérieur par un feu secret.

Ils connaissent aussi l'ivresse de la vie physique, la fatigue qui rompt les membres au bout d'un jour de marche, quand il faut descendre de cheval et le guider par la longe pour se rendre au fond des ravins. La brûlure du soleil, la soif qu'on ne peut étancher, ou le froid des rivières qu'il faut traverser en plein courant, avec l'eau jusqu'au poitrail des chevaux. Ma mère monte en amazone, comme elle a appris à le faire au manège d'Ermenonville. Et cette posture si inconfortable — sans doute vaguement ridicule, la séparation des sexes qui est encore de mise en France avant la guerre — paradoxalement lui donne un air d'Africaine. Quelque chose de nonchalant et de gracieux, en même temps de très ancien, qui évoque les temps bibliques, ou bien les caravanes des Touareg, où les femmes voyagent à travers le désert accrochées dans des nacelles aux flancs des dromadaires.

Ainsi elle accompagne mon père dans ses tour-
nées médicales, avec la suite des porteurs et l'interprète, à travers les montagnes de l'Ouest. Ils vont
de campement en campement, dans des villages
dont mon père note les noms sur sa carte : Nikom,
Babungo, Nji Nikom, Luakom Ndye, Ngi, Obukun.
Les campements sont parfois plus que précaires : à
Kwaja, en pays kaka, ils logent dans une hutte de
branches sans fenêtre au milieu d'une plantation de
bananiers. Il y fait si humide qu'il faut mettre chaque matin les draps et les couvertures à sécher sur
le toit. Ils y restent une ou deux nuits, parfois une
semaine. L'eau à boire est acide et violacée de per-
manganate, on se lave au ruisseau, on cuisine sur
un feu de brindilles à l'entrée de la hutte. Les nuits
sont froides, dans les montagnes sous l'équateur,
bruissantes, remplies des clameurs des chats sauvages et des aboiements des mandrills. Pourtant, ce
n'est pas l'Afrique de Tartarin, ni même celle de
John Huston. C'est plutôt celle d'*African Farm,* une
Afrique réelle, à forte densité humaine, ployée par
la maladie et les guerres tribales. Mais forte et exhi-
larante aussi, avec ses enfants innombrables, ses
fêtes dansées, la bonne humeur et l'humour des
bergers rencontrés sur les chemins.

Le temps de Banso, pour mon père et ma mère,
c'est le temps de la jeunesse, de l'aventure. Au long
de leurs marches, l'Afrique qu'ils rencontrent n'est
pas celle de la colonisation. L'administration

anglaise, selon un de ses principes, a laissé en place la structure politique traditionnelle, avec ses rois, ses chefs religieux, ses juges, ses castes et ses privilèges.

Quand ils arrivent dans un village, ils sont accueillis par les émissaires du roi, conviés aux palabres, et photographiés avec la cour. Sur un de ces portraits, mon père et ma mère posent autour du roi Memfoï, de Banso. Selon la tradition, le roi est nu jusqu'à la ceinture, assis sur son trône, son chasse-mouches à la main. À ses côtés, mon père et ma mère sont debout, vêtus d'habits fatigués et empoussiérés par la route, ma mère avec sa longue jupe et ses souliers de marche, mon père avec une chemise aux manches roulées et son pantalon kaki trop large, trop court, serré par une ceinture qui ressemble à une ficelle. Ils sourient, ils sont heureux, libres dans cette aventure. Derrière le roi, on aperçoit le mur du palais, une simple case de briques de boue séchée où brillent des brins de paille.

Parfois, au cours de leur route à travers les montagnes, les nuits sont violentes, brûlantes, sexuées. Ma mère parle des fêtes qui éclatent soudain, dans les villages, comme à Babungo, en pays nkom, à quatre jours de marche de Banso. Sur la place, le théâtre masqué se prépare. Sous un banian, les joueurs de tam-tam se sont assis, ils frappent, et l'appel de la musique se répercute au loin. Les femmes ont commencé à danser, elles sont complètement nues, sauf une ceinture de perles autour de la taille.

Elles avancent l'une derrière l'autre, penchées en avant, leurs pieds battent la terre au même rythme que les tambours. Les hommes sont debout. Certains portent des robes de raphia, d'autres ont les masques des dieux. Le maître des ju-jus dirige la cérémonie.

Cela commence au déclin du soleil, vers six heures, et dure jusqu'à l'aube du lendemain. Mon père et ma mère sont couchés dans leur lit de sangles, sous la moustiquaire, ils écoutent battre les tambours, selon un rythme continu qui tressaille à peine, comme un cœur qui s'emballe. Ils sont amoureux. L'Afrique à la fois sauvage et très humaine est leur nuit de noces. Tout le jour le soleil a brûlé leur corps, ils sont pleins d'une force électrique incomparable. J'imagine qu'ils font l'amour, cette nuit-là, au rythme des tambours qui vibrent sous la terre, serrés dans l'obscurité, leur peau trempée de sueur, à l'intérieur de la case de terre et de branches qui n'est pas plus grande qu'un abri à poules. Puis ils s'endorment à l'aube, dans le souffle froid du matin qui fait onduler le rideau de la moustiquaire, enlacés, sans plus entendre le rythme fatigué des derniers tam-tams.

Ogoja de rage

Si je veux comprendre ce qui a changé cet homme, cette cassure qu'il y a eu dans sa vie, c'est à la guerre que je pense. Il y a eu un avant, et un après. L'avant, pour mon père et ma mère, c'étaient les hauts plateaux de l'Ouest camerounais, les douces collines de Bamenda et de Banso, Forestry House, les chemins à travers les Grass Fields et les montagnes du Mbam et des pays mbembé, kaka, shanti. Tout cela, non comme un paradis — rien à voir avec la douceur alanguie de la côte à Victoria, le luxe des résidences et l'oisiveté des colons —, mais un trésor d'humanité, quelque chose de puissant et généreux, tel un sang pulsé dans de jeunes artères.

Cela pouvait ressembler au bonheur. C'est à cette époque que ma mère est tombée enceinte deux fois. Les Africains ont coutume de dire que les humains ne naissent pas du jour où ils sortent du ventre de leur mère, mais du lieu et de l'instant où ils sont conçus. Moi, je ne sais rien de ma naissance (ce qui est, je suppose, le cas de tout un chacun). Mais si j'entre en moi-même, si je retourne mes yeux vers l'intérieur, c'est cette force que je perçois, ce bouillonnement d'énergie, la soupe de molécules prêtes à s'assembler pour former un corps. Et, avant même l'instant de la conception, tout ce qui l'a précédée, qui est dans la mémoire de l'Afrique. Non pas une mémoire diffuse, idéale : l'image des hauts plateaux, des villages, les visages des vieillards, les yeux agrandis des enfants rongés par la dysenterie, le contact avec tous ces corps, l'odeur de la peau humaine, le murmure des plaintes. Malgré tout cela, à cause de tout cela, ces images sont celles du bonheur, de la plénitude qui m'a fait naître.

Cette mémoire est liée aux lieux, au dessin des montagnes, au ciel de l'altitude, à la légèreté de l'air au matin. À l'amour qu'ils avaient pour leur maison, cette hutte de boue séchée et de feuilles, la cour où chaque jour les femmes et les enfants s'installaient, assis à même la terre, pour attendre l'heure de la consultation, un diagnostic, un vaccin. À l'amitié qui les rapprochait des habitants.

Je me souviens comme si je l'avais connu de l'assistant de mon père à Banso, le vieux Ahidjo, qui était devenu son conseiller et son ami. Il s'occupait de tout, de l'intendance, de l'itinéraire à travers les pays lointains, des relations avec les chefs, des salaires des porteurs, de l'état des cases de passage. Il l'avait accompagné au début dans les voyages, mais

son grand âge et son état de santé ne le lui permet-
taient plus. Il n'était pas payé pour le travail qu'il
faisait. Sans doute y gagnait-il du prestige, du cré-
dit : il était l'homme de confiance du toubib. C'est
grâce à lui que mon père a pu trouver ses repères
dans le pays, être accepté de tous (y compris des
sorciers dont il était le concurrent direct), exercer
son métier. Durant la vingtaine d'années qu'il a
passée dans l'Ouest africain, mon père n'aura gardé
que deux amis : Ahidjo et le « docteur » Jeffries, un
district officer de Bamenda qui se passionnait pour
l'archéologie et l'anthropologie. Un peu avant le
départ de mon père, Jeffries termina effectivement son doctorat et fut engagé par l'université de
Johannesburg. Il envoyait des nouvelles de temps
à autre, sous la forme d'articles et de brochures
consacrés à ses découvertes, et aussi, une fois l'an,
pour Boxing day, un colis de pâtes de goyave
d'Afrique du Sud.

Ahidjo, lui, a écrit régulièrement à mon père en
France pendant des années. En 1960, au moment
de l'indépendance, Ahidjo a interrogé mon père sur
la question du rattachement des royaumes de
l'Ouest au Nigeria. Mon père lui a répondu que,
compte tenu de l'histoire, il lui semblait préférable
qu'ils fussent intégrés au Cameroun francophone,
qui présentait l'avantage d'être un pays pacifique.
L'avenir lui a donné raison.

Puis les lettres ont cessé d'arriver, et mon père a

appris par les bonnes sœurs de Bamenda que son
vieil ami était mort. De la même façon, une année
le colis de pâtes de goyave d'Afrique du Sud n'est
pas parvenu pour le jour de l'an, et nous avons su
que le docteur Jeffries avait disparu. Ainsi se sont
interrompus les derniers liens que mon père avait
gardés avec son pays d'adoption. Il ne restait plus
que la maigre pension que le gouvernement nige-
rian s'était engagé à verser à ses vieux serviteurs, au
moment de l'indépendance. Mais la pension a cessé
d'arriver quelque temps plus tard, comme si tout ce
passé avait disparu.

C'est donc la guerre qui a cassé le rêve africain
de mon père. En 1938, ma mère quitte le Nigeria
pour aller accoucher en France, auprès de ses parents. Le bref congé que prend mon père pour la
naissance de son premier enfant lui permet de rejoindre ma mère en Bretagne, où il reste jusqu'à la
fin de l'été 1939. Il prend le bateau de retour vers
l'Afrique juste avant la déclaration de la guerre. Il
rejoint son nouveau poste à Ogoja, dans la province de la Cross River. Quand la guerre éclate, il
sait qu'elle va mettre à nouveau l'Europe à feu et à
sang, comme en 1914. Peut-être espère-t-il, comme
beaucoup de gens en Europe, que l'avancée de l'armée allemande sera contenue sur la frontière, et que
la Bretagne, étant la partie la plus à l'ouest, sera
épargnée.

Quand arrivent les nouvelles de l'invasion de la France, en juin 1940, il est trop tard pour agir. En Bretagne, ma mère voit les troupes allemandes défiler sous ses fenêtres, à Pont-l'Abbé, alors que la radio annonce que l'ennemi est arrêté sur la Marne. Les ordres de la kommandantur sont sans appel : tous ceux qui ne sont pas résidents permanents en Bretagne doivent vider les lieux. Alors qu'elle est à peine remise de son accouchement, ma mère doit partir, d'abord vers Paris, puis en zone libre. Plus aucune nouvelle ne circule. Au Nigeria, mon père ne sait que ce que transmet la BBC. Pour lui, isolé dans la brousse, l'Afrique est devenue un piège. À des milliers de kilomètres, quelque part sur les routes encombrées par les fuyards, ma mère roule dans la vieille De Dion de ma grand-mère, emmenant avec elle son père et sa mère, et ses deux enfants âgés d'un an et de trois mois. C'est sans doute à ce moment-là que mon père tente cette chose folle, traverser le désert pour s'embarquer en Algérie à destination du sud de la France afin de sauver sa femme et ses enfants et les ramener avec lui en Afrique. Ma mère aurait-elle accepté de le suivre ? Il lui aurait fallu abandonner ses parents en pleine tourmente, alors qu'ils n'étaient plus en état de résister. Affronter les dangers sur la route du retour, risquer d'être capturés par les Allemands ou les Italiens, déportés.

Mon père n'avait sans doute aucun plan. Il s'est

lancé dans l'aventure sans réfléchir. Il part pour
Kano, au nord du Nigeria, et là il achète son passage à bord d'une caravane de camions qui traverse
le Sahara. Au désert, il n'y a pas de guerre. Les mar-
chands continuent de transporter le sel, la laine, le
bois, les matières premières. Les routes maritimes
sont devenues dangereuses, et c'est le Sahara qui
permet la circulation des denrées. Pour un officier
de santé de l'armée anglaise, voyageant seul, le projet est audacieux, insensé. Mon père remonte vers
le nord, bivouaque dans le Hoggar, près de Taman-
ghasset (à l'époque, Fort-Laperrine). Il n'a pas eu le
temps de se préparer, d'emporter des médicaments,
des provisions. Il partage l'ordinaire des Touareg
qui accompagnent la caravane, il boit comme eux
l'eau des oasis, une eau alcaline qui purge ceux qui
n'y sont pas habitués. Tout le long de la route, il
prend des photos du désert, à Zinder, à In Guezzam, dans les montagnes du Hoggar. Il photographie les inscriptions en tamacheq sur les pierres, les
campements des nomades, des filles au visage peint
en noir, des enfants. Il passe plusieurs jours au fort
d'In Guezzam, à la frontière des possessions fran-
çaises au Sahara. Quelques bâtisses en pisé sur lesquelles flotte le drapeau français, et sur le bas-côté
de la chaussée, un camion arrêté, peut-être celui
dans lequel il voyage. Il parvient jusqu'à l'autre rive
du désert, à Arak. Peut-être qu'il atteint le fort
Mac-Mahon, à El-Goléa. En temps de guerre, tout

étranger est un espion. Finalement, il est arrêté, re-
foulé. La mort dans l'âme, il doit revenir en arrière,
refaire la route jusqu'à Kano, jusqu'à Ogoja.

À partir de cet échec, l'Afrique n'a plus pour lui
le même goût de liberté. Bamenda, Banso, c'était au
temps du bonheur, dans le sanctuaire du haut pays
entouré de géants, le mont Bambouta à 2 700 m,
le Kodju à 2 000, l'Oku à 3 000. Il avait cru qu'il
n'en partirait pas. Il avait rêvé d'une vie parfaite, où
ses enfants auraient grandi dans cette nature, se-
raient devenus, comme lui, des habitants de ce pays.

Ogoja, où la guerre le condamne, est un poste
avancé de la colonie anglaise, un gros village dans
une cuvette étouffante au bord de l'Aiya, enserré
par la forêt, coupé du Cameroun par une chaîne de
montagnes infranchissable. L'hôpital dont il a la
charge existe depuis longtemps, c'est une grande
bâtisse de ciment à toit de tôle, avec salle d'opération, dortoirs pour les patients, et une équipe d'infirmiers et de sages-femmes. Si c'est toujours un
peu l'aventure (on est tout de même à une journée
de voiture de la côte), elle est planifiée. Le D.O.
n'est pas loin, le grand centre administratif de la
province de Cross River est à Abakaliki, accessible
par une route carrossable.

La maison de fonction qu'il habite est juste à
côté de l'hôpital. Ce n'est pas une belle maison en

bois comme Forestry House à Bamenda, ni une case rustique de pisé et de palmes comme à Banso. C'est une maison moderne, assez laide, faite en blocs de ciment avec un toit de tôle ondulée qui la transforme en four chaque après-midi — et que mon père se hâte de recouvrir de feuilles pour l'isoler de la chaleur.

Comment vit-il ces longues années de guerre, seul dans cette grande maison vide, sans nouvelles de la femme qu'il aime et de ses enfants ?

Son travail de médecin devient pour lui une obsession. La douceur nonchalante du Cameroun n'a pas cours à Ogoja. S'il consulte toujours en brousse, ce n'est plus à cheval, par les sentiers qui sinuent dans les montagnes. Il utilise sa voiture (cette Ford V8 qu'il a rachetée à son prédécesseur, plutôt un camion qu'une auto, et qui m'a fait une si forte impression quand il est venu nous chercher à la descente du bateau à Port Harcourt). Il se rend dans les villages voisins, reliés par des pistes de latérite, Ijama, Nyonnya, Bawop, Amachi, Baterik, Bakalung, jusqu'à Obudu sur les contreforts de la montagne camerounaise. Le contact avec les malades n'est plus le même. Ils sont trop nombreux. À l'hôpital d'Ogoja, il n'a plus le temps de parler, d'écouter les plaintes des familles. Les femmes et les enfants n'ont pas leur place dans la cour de l'hôpital, il est interdit d'y allumer du feu pour faire la cuisine. Les patients sont dans les dortoirs, couchés

sur de vrais lits en métal aux draps empesés et très blancs, ils souffrent probablement autant de l'angoisse que de leurs affections. Quand il entre dans les chambrées, mon père lit la peur dans leurs yeux. Le médecin n'est pas cet homme qui apporte le bienfait des médicaments occidentaux, et qui sait partager son savoir avec les anciens du village. Il est un étranger dont la réputation s'est répandue dans tout le pays, qui coupe bras et jambes quand la gangrène a commencé, et dont le seul remède est contenu dans cet instrument à la fois effrayant et dérisoire, une seringue de laiton munie d'une aiguille de six centimètres.

Alors mon père découvre, après toutes ces années où il s'est senti proche des Africains, leur parent, leur ami, que le médecin n'est qu'un autre acteur de la puissance coloniale, pas différent du policier, du juge ou du soldat. Comment pouvait-il en être autrement ? L'exercice de la médecine est aussi un pouvoir sur les gens, et la surveillance médicale est également une surveillance politique. L'armée britannique le savait bien : au début du siècle, après des années d'une résistance acharnée, elle avait pu vaincre par la force des armes et de la technique moderne la magie des derniers guerriers ibos, dans le sanctuaire d'Aro Chuku, à moins d'une journée de marche d'Ogoja. Il n'est pas facile de changer des peuples tout entiers, lorsque ce changement est fait sous contrainte. Cette leçon, mon père l'a sans doute apprise du fait de la solitude et de l'isolement où le plongeait la guerre. Cette certitude a dû l'enfoncer dans l'idée de l'échec, dans son pessimisme. À la fin de sa vie, je me souviens qu'il m'a dit une fois que, si c'était à refaire, il ne serait pas médecin, mais vétérinaire, parce que les animaux étaient les seuls à accepter leur souffrance.

Il y a la violence aussi. À Banso, à Bamenda, dans les montagnes du Cameroun, mon père était sous le charme de la douceur et de l'humour des Africains*. À Ogoja, tout est différent. Le pays est

---

* La réputation de douceur des gens de la région de Banso pourrait difficilement être généralisée au reste de l'ouest du Cameroun. Dans une étude consacrée au peuple wiya de la province de Bamenda, le docteur

troublé par les guerres tribales, les vengeances, les règlements de comptes entre villages. Les routes, les chemins ne sont pas sûrs, il faut sortir armé. Les Ibos du Calabar sont ceux qui ont résisté avec le plus d'acharnement à la pénétration des Européens. On les dit chrétiens (ce sera même un des arguments utilisés par la France pour soutenir leur lutte contre leurs voisins yoroubas, qui sont musulmans). En vérité, l'animisme et le fétichisme étaient courants à l'époque. La sorcellerie était aussi une pratique au Cameroun, mais pour mon père, elle avait un caractère plus ouvert, plus positif. Dans l'est du Nigeria, la sorcellerie est secrète, elle s'exerce au moyen des poisons, des amulettes cachées, des signes destinés à porter malheur. Pour la première fois, mon père entend, de la bouche des résidents européens, et colportées par les autochtones à leur service, des histoires d'envoûtements, de magie, de crimes rituels. La légende d'Aro Chuku et de sa pierre aux sacrifices humains continue d'agir sur les esprits. Les histoires qu'on raconte créent un climat de méfiance, de tension. Dans tel village, dit-on, non

---

Jeffries rapporte les atrocités dans la guerre qui les oppose depuis toujours aux Foulanis de Kishong : lorsque ces derniers capturent un Wiya, ils lui coupent les oreilles et tranchent ses deux bras à hauteur des coudes et, cousant ensemble les paumes, fabriquent ainsi une manière de collier qu'ils passent autour du cou du malheureux avant de le renvoyer à son village. Les armées d'occupation française et britannique tentèrent vainement de s'opposer à de telles exactions, aujourd'hui résurgentes dans certains pays d'Afrique de l'Ouest, comme le Liberia.

loin d'Obudu, les habitants ont coutume de tendre une corde en travers de la route, lorsqu'un voyageur isolé s'y aventure à bicyclette. Dès qu'il tombe, le malheureux est aussitôt assommé, emmené derrière un mur et son corps dépecé pour être mangé. Dans tel autre, le district officer, au cours d'une tournée, a fait saisir à l'étal du boucher une viande prétendument de porc, mais que la rumeur désigne comme étant de la chair humaine. À Obudu, où les gorilles des montagnes alentour sont braconnés, on trouve leurs mains coupées vendues en souvenir sur le marché, mais il semble que, si on y regarde de plus près, on constate qu'il y a également à la vente des mains d'enfants.

Mon père nous répète ces récits effarants, sans doute n'y croit-il qu'à moitié. Il n'a jamais constaté lui-même des preuves de cannibalisme. Mais ce qui est certain, c'est qu'il doit souvent se déplacer pour autopsier des victimes de meurtre. C'est cette violence qui devient pour lui obsessionnelle. J'ai entendu mon père raconter que les corps qu'il doit examiner sont parfois dans un tel état de décomposition qu'il lui faut attacher son scalpel au bout d'un bâton avant d'entailler la peau, pour éviter l'explosion des gaz.

La maladie a pour lui un caractère offensant, maintenant que le charme de l'Afrique a cessé d'exister. Ce métier qu'il a exercé dans l'enthousiasme devient peu à peu accablant, dans la chaleur, l'hu-

midité de la rivière, la solitude du bout du monde.
La proximité de la souffrance le fatigue : tous ces
corps brûlants de fièvre, ces ventres distendus de
cancéreux, ces jambes rongées d'ulcères, déformées
par l'éléphantiasis, ces visages mangés par la lèpre
ou la syphilis, ces femmes déchirées par les accou-
chements, ces enfants vieillis par les carences, leur
peau grise comme un parchemin, leurs cheveux
couleur de rouille, leurs yeux agrandis à l'approche
de la mort. Longtemps après, il me parle de ces
choses terribles qu'il fallait affronter, chaque jour,
comme si c'était la même séquence qui recommen-
çait : une vieille femme rendue démente par l'uré-
mie, qu'il faut ligoter sur son lit, un homme à qui
il enlève un ténia si long qu'il doit l'enrouler autour
d'un bâton, une jeune femme qu'il va amputer à
cause de la gangrène, une autre qu'on lui amène
mourant de variole, le visage gonflé et couvert de
blessures. La proximité physique avec ce pays, ce
sentiment que seul procure le contact avec l'humanité dans toute sa réalité souffrante, l'odeur de la
peau, la sueur, le sang, la douleur, l'espoir, la petite
flamme de lumière qui s'allume parfois dans le
regard d'un malade, lorsque la fièvre s'éloigne, ou
cette seconde infinie durant laquelle le médecin
voit s'éteindre la vie sur la pupille d'un agonisant
— tout cela qui l'avait emporté, électrisé au commencement, quand il naviguait sur les fleuves de
Guyane, quand il marchait sur les sentiers de

montagne du haut pays camerounais, tout cela est remis en question à Ogoja, à cause de la désespérante usure des jours, dans un pessimisme inexprimé, parce qu'il constate l'impossibilité d'aller au bout de sa tâche.

Il me raconte, avec la voix encore voilée par l'émotion, ce jeune Ibo qu'on lui apporte à l'hôpital d'Ogoja, pieds et poings liés, la bouche bâillonnée par une sorte de muselière de bois. Il a été mordu par un chien, et maintenant la rage s'est déclarée. Il est lucide, il sait qu'il va mourir. Par instants, dans la cellule où on l'a isolé, il est saisi par une crise, son corps s'arc-boute sur le lit malgré les sangles, ses membres sont possédés d'une telle force que le cuir semble prêt à se rompre. En même temps, il grogne et hurle de douleur, sa bouche écume. Puis il retombe dans une sorte de léthargie, assommé par la morphine. Quelques heures plus tard, c'est mon père qui plonge dans sa veine l'aiguille qui lui injecte le poison. Avant de mourir, le garçon regarde mon père, il perd connaissance et sa poitrine s'affaisse dans un dernier soupir. Quel homme est-on quand on a vécu cela ?

L'oubli

Tel était l'homme que j'ai rencontré en 1948, à la fin de sa vie africaine. Je ne l'ai pas reconnu, pas compris. Il était trop différent de tous ceux que je connaissais, un étranger, et même plus que cela, presque un ennemi. Il n'avait rien de commun avec les hommes que je voyais en France dans le cercle de ma grand-mère, ces « oncles », ces amis de mon grand-père, messieurs d'un autre âge, distingués, décorés, patriotes, revanchards, bavards, porteurs de cadeaux, ayant une famille, des relations, abonnés au *Journal des voyages*, lecteurs de Léon Daudet et de Barrès. Toujours impeccablement vêtus de leurs complets gris, de leurs gilets, portant cols durs et cravates, coiffant leurs chapeaux de feutre et maniant leurs cannes à bout ferré. Après dîner, ils s'installaient dans les fauteuils de cuir de la salle à manger, souvenirs de temps prospères, ils fumaient et ils parlaient, et moi je m'endormais le nez dans mon assiette vide en écoutant le ronron de leurs voix.

L'homme qui m'est apparu au pied de la coupée, sur le quai de Port Harcourt, était d'un autre monde : vêtu d'un pantalon trop large et trop court, sans forme, d'une chemise blanche, ses souliers de cuir noir empoussiérés par les pistes. Il était dur, taciturne. Quand il parlait en français, c'était avec l'accent chantant de Maurice, ou bien il parlait en pidgin, ce dialecte mystérieux qui sonnait comme des clochettes. Il était inflexible, autoritaire, en même temps doux et généreux avec les Africains qui travaillaient pour lui à l'hôpital et dans sa maison de fonction. Il était plein de manies et de rituels que je ne connaissais pas, dont je n'avais pas la moindre idée : les enfants ne devaient jamais parler à table sans en avoir eu l'autorisation, ils ne devaient pas courir, ni jouer ni paresser au lit. Ils ne pouvaient pas manger en dehors des repas, et jamais de sucreries. Ils devaient manger sans poser les mains sur la table, ne pouvaient rien laisser dans leur assiette et devaient faire attention à ne jamais mâcher la bouche ouverte. Son obsession de l'hygiène le conduisait à des gestes surprenants, comme de se laver les mains à l'alcool et les flamber avec une allumette. Il vérifiait à chaque instant le charbon du filtre à eau, ne buvait que du thé, ou même de l'eau bouillante (que les Chinois appellent du thé blanc), fabriquait lui-même ses bougies avec de la cire et des cordons trempés dans la paraffine, lavait lui-même la vaisselle avec des extraits de saponaire. Hormis son poste de radio, rattaché à une antenne suspendue au travers du jardin, il n'avait aucun contact avec le reste du monde, ne lisait ni livres ni journaux. Sa seule lecture était un petit ouvrage relié de noir que j'ai trouvé longtemps après, et que je ne peux ouvrir sans émotion : l'*Imitation de Jésus-Christ*. C'était un livre de militaire, comme j'imagine que les soldats d'autrefois pouvaient lire les *Pensées* de Marc Aurèle sur le champ de bataille. Bien entendu, il ne nous en parlait jamais.

Dès le premier contact, mon frère et moi nous sommes mesurés à lui en versant du poivre dans sa théière. Cela ne l'a pas fait rire, il nous a chassés autour de la maison et nous a sévèrement battus. Peut-être qu'un autre homme, je veux dire un de ces « oncles » qui fréquentaient l'appartement de ma grand-mère, se serait contenté d'en rire. Nous avons appris d'un coup qu'un père pouvait être redoutable, qu'il pouvait sévir, aller couper des cannes dans le bois et s'en servir pour nous frapper les jambes. Qu'il pouvait instituer une justice virile, qui excluait tout dialogue et toute excuse. Qu'il fondait cette justice sur l'exemple, refusait les tractations, les délations, tout le jeu des larmes et des promesses que nous avions accoutumé de jouer avec ma grand-mère. Qu'il ne tolérait pas la moindre manifestation d'irrespect et n'accepterait aucune velléité de crise de rage : l'affaire pour moi était entendue, la maison d'Ogoja était de plain-pied, et il n'y avait aucun meuble à jeter par aucune fenêtre.

C'était le même homme qui exigeait que la prière fût dite chaque soir à l'heure du coucher, et que le dimanche fût consacré à la lecture du livre de messe. La religion que nous découvrions grâce à lui ne permettait pas d'accommodements. C'était une règle de vie, un code de conduite. Je suppose que c'est en arrivant à Ogoja que nous avons appris que le Père Noël n'existait pas, que les cérémonies et les fêtes religieuses étaient réduites à des prières, et qu'il n'y avait aucun besoin d'offrir des cadeaux qui, dans le contexte où nous étions, ne pouvaient qu'être superflus.

Sans doute les choses se seraient-elles passées autrement s'il n'y avait pas eu la cassure de la guerre, si mon père, au lieu d'être confronté à des enfants qui lui étaient devenus étrangers, avait appris à vivre dans la même maison qu'un bébé, s'il avait suivi ce lent parcours qui mène de la petite enfance à l'âge de raison. Ce pays d'Afrique où il avait connu le bonheur de partager l'aventure de sa vie avec une femme, à Banso, à Bamenda, ce même pays lui avait volé sa vie de famille et l'amour des siens.

Il m'est possible aujourd'hui de regretter d'avoir manqué ce rendez-vous. J'essaie d'imaginer ce que cela pouvait être, pour un enfant de huit ans, ayant grandi dans l'enfermement de la guerre, d'aller à l'autre bout du monde rencontrer un inconnu qu'on lui présente comme son père. Et que ce soit là, à

Ogoja, dans une nature où tout est à l'excès, le soleil, les orages, la pluie, la végétation, les insectes, un pays à la fois de liberté et de contrainte. Où les hommes et les femmes étaient totalement différents, non pas à cause de la couleur de leur peau et de leurs cheveux, mais par leur manière de parler, de marcher, de rire, de manger. Où la maladie et la vieillesse étaient visibles, où la joie et les jeux de l'enfance étaient encore plus évidents. Où le temps de l'enfance s'arrête très tôt, presque sans transition, où les garçons travaillent avec leur père, les petites filles se marient et portent leurs enfants à treize ans.

Il aurait fallu grandir en écoutant un père raconter sa vie, chanter des chansons, accompagner ses garçons à la chasse aux lézards ou à la pêche aux écrevisses dans la rivière Aiya, il aurait fallu mettre sa main dans la sienne pour qu'il montre les papillons rares, les fleurs vénéneuses, les secrets de la nature qu'il devait bien connaître, l'écouter parler de son enfance à Maurice, marcher à côté de lui quand il allait rendre visite à ses amis, à ses collègues d'hôpital, le regarder réparer la voiture ou changer un volet brisé, l'aider à planter les arbustes et les fleurs qu'il aimait, les bougainvillées, les strelitzias, les oiseaux-de-paradis, tout ce qui devait lui rappeler le merveilleux jardin de sa maison natale à Moka. Mais à quoi bon rêver ? Rien de tout cela n'était possible.

Au lieu de cela, nous menions contre lui une

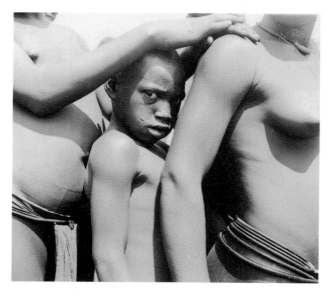

guerre sournoise, usante, inspirée par la peur des punitions et des coups. La période où il est rentré d'Afrique a été la plus dure. Aux difficultés d'adaptation s'ajoutait l'hostilité qu'il devait ressentir dans son propre foyer. Ses colères étaient disproportionnées, excessives, épuisantes. Pour un rien, un bol cassé, un mot de travers, un regard, il frappait, à coups de canne, à coups de poing. Je me souviens d'avoir ressenti quelque chose qui ressemblait à de la haine. Tout ce que je pouvais faire, c'était casser ses bâtons, mais il allait en couper d'autres dans les collines. Il y avait un archaïsme dans cette façon, cela ne ressemblait pas à ce que connaissaient mes camarades. J'ai dû en ressortir endurci, selon le proverbe arabe : celui qui est battu est faible d'abord, ensuite il devient fort.

Aujourd'hui, avec le recul du temps, je comprends que mon père nous transmettait la part la plus difficile de l'éducation — celle que ne donne jamais aucune école. L'Afrique ne l'avait pas transformé. Elle avait révélé en lui la rigueur. Plus tard, lorsque mon père est venu vivre sa retraite dans le sud de la France, il a apporté avec lui cet héritage africain. L'autorité et la discipline, jusqu'à la brutalité.

Mais aussi l'exactitude et le respect, comme une règle des sociétés anciennes du Cameroun et du Nigeria, où les enfants ne doivent pas pleurer, ne doivent pas se plaindre. Le goût d'une religion sans fioritures, sans superstitions, qu'il avait trouvée, j'imagine, dans l'exemple de l'islam. C'est ainsi que je comprends maintenant ce qui me semblait absurde alors, son obsession de l'hygiène, cette façon qu'il avait de se laver les mains. Le dégoût qu'il manifestait pour la viande de porc, dont il extrayait, pour nous convaincre, les œufs de ténia enkystés de la pointe de son couteau. Sa manière de manger, de faire cuire son riz selon la méthode africaine, en rajoutant au fur et à mesure de l'eau chaude. Son goût pour les légumes bouillis, qu'il relevait par une sauce au piment. Sa préférence pour les fruits secs, les dattes, les figues et même les

bananes qu'il mettait à cuire au soleil sur le bord
de sa fenêtre. Le soin qu'il apportait chaque matin
à faire son marché de très bonne heure, en compagnie des travailleurs maghrébins, qu'il rencontrait
également au commissariat de police, chaque fois
qu'il faisait renouveler sa carte de séjour.

Tout cela peut sembler anecdotique. Mais ces
manières africaines qui étaient devenues sa seconde
nature apportaient sans doute une leçon à laquelle
l'enfant, puis l'adolescent ne pouvait pas être in-
sensible.

Vingt-deux ans d'Afrique lui avaient inspiré une
haine profonde du colonialisme sous toutes ses for-
mes. En 1954, nous fîmes un voyage touristique au
Maroc (où un des « oncles » était administrateur
d'une propriété agricole). Bien plus que des images
habituelles du folklore, je me souviens d'un incident
qui m'a marqué. Nous avions pris un autocar régu-
lier pour aller de Casablanca à Marrakech. À un
moment, le chauffeur (un Français) se mit en colère,
insulta et rejeta au bord de la route un vieux pay-
san qui n'avait sans doute pas de quoi payer son
parcours. Mon père était indigné. Son commentaire
s'étendait à toute l'occupation française dans ce
pays, qui empêchait les autochtones d'exercer le
moindre travail, fût-ce celui de chauffeur de car, et
qui maltraitait les pauvres. À la même époque, il
suivait à la radio, jour après jour, les combats des
Kikuyus au Kenya en vue de l'indépendance et la

lutte des Zoulous contre la ségrégation raciale en
Afrique du Sud.

Ce n'étaient pas des idées abstraites ni des choix
politiques. C'était la voix de l'Afrique qui parlait
en lui, qui réveillait ses sentiments anciens. Sans
doute avait-il pensé au futur, quand il voyageait avec
ma mère, à cheval sur les sentiers du Cameroun.
C'était avant la guerre, avant la solitude et l'amertume, quand tout était possible, quand le pays était
jeune et neuf, que tout pouvait apparaître. Loin de
la société corrompue et profiteuse de la côte, il avait
rêvé de la renaissance de l'Afrique, libérée de son
carcan colonial et de la fatalité des pandémies. Une
sorte d'état de grâce, à l'image des immensités herbeuses où avançaient les troupeaux conduits par les
bergers, ou des villages aux alentours de Banso, dans
la perfection immémoriale de leurs murs de pisé et
de leurs toits de feuilles.

L'avènement de l'indépendance, au Cameroun
et au Nigeria, puis de proche en proche à travers
tout le continent, avait dû le passionner. Chaque
insurrection devait être pour lui source d'espoir. Et
la guerre qui venait d'éclater en Algérie, guerre pour
laquelle ses propres enfants risquaient d'être mobi-
lisés, ne pouvait être pour lui que le comble de l'horreur. Il n'avait jamais pardonné à de Gaulle son
double jeu.

Il est mort l'année où le sida a fait son apparition. Déjà, il avait perçu l'oubli tactique dans

lequel les grandes puissances coloniales laissent le
continent qu'elles ont exploité. Les tyrans mis en
place avec l'aide de la France et de l'Angleterre,
Bokassa, Idi Amin Dada, à qui les gouvernements
occidentaux ont fourni armes et subsides pendant
des années, avant de les désavouer. Les portes ouver-
tes à l'émigration, ces cohortes de jeunes hommes
quittant le Ghana, le Bénin ou le Nigeria dans les
années soixante, pour servir de main-d'œuvre et
peupler les ghettos de banlieue, puis ces mêmes
portes qui se sont refermées lorsque la crise écono-
mique a rendu les nations industrielles frileuses et
xénophobes. Et surtout l'abandon de l'Afrique à ses
vieux démons, paludisme, dysenterie, famine. À
présent la nouvelle peste du sida, qui menace de
mort le tiers de la population générale de l'Afrique,
et toujours les nations occidentales, détentrices des
remèdes, qui feignent de ne rien voir, de ne rien
savoir.

Le Cameroun avait échappé, semblait-il, à ces
malédictions. Le haut pays de l'Ouest, en se séparant
du Nigeria, avait fait un choix raisonnable, qui le
mettait à l'abri de la corruption et des guerres tribales. Mais la modernité qui arrivait n'apportait
pas les bienfaits escomptés. Ce qui disparaissait aux
yeux de mon père, c'était le charme des villages, la
vie lente, insouciante, au rythme des travaux agri-
coles. La remplaçaient l'appât du gain, la vénalité,
une certaine violence. Même loin de Banso, mon

père ne pouvait pas l'ignorer. Il devait ressentir le passage du temps comme un flot qui se retire, abandonnant les laisses du souvenir.

En 1968, tandis que mon père et ma mère regardent monter sous leurs fenêtres, à Nice, les montagnes d'ordures laissées par la grève générale, et tandis qu'à Mexico j'entends le vrombissement des hélicos de l'armée qui emportent les corps des étudiants tués à Tlatelolco, le Nigeria entre dans la phase terminale d'un massacre terrible, l'un des grands génocides du siècle, connu sous le nom de guerre du Biafra. Pour la mainmise sur les puits de pétrole à l'embouchure de la rivière Calabar, Ibos et Yoroubas s'exterminent, sous le regard indifférent du monde occidental. Pis encore, les grandes compagnies pétrolières, principalement l'anglo-hollandaise Shell-British Petroleum, sont partie prenante dans cette guerre, agissent sur leurs gouvernements pour que soient sécurisés les puits et les pipe-lines. Les États qu'elles représentent s'affrontent par procuration, la France du côté des insurgés biafrais, l'Union soviétique, l'Angleterre et les États-Unis du côté du gouvernement fédéral majoritairement yorouba. La guerre civile devient une affaire mondiale, une guerre entre civilisations. L'on parle de chrétiens contre musulmans, ou de nationalistes contre capitalistes. Les pays développés retrouvent un débouché inattendu pour leurs produits finis : ils vendent

dans les deux camps armes légères et lourdes, mines
antipersonnel, chars d'assaut, avions, et même des
mercenaires allemands, français, tchadiens, qui
composent la 4ᵉ brigade biafraise au service des re-
belles d'Ojukwu. Mais à la fin de l'été 1968, en-
cerclée, décimée par les troupes fédérales sous le
commandement du général Benjamin Adekunle,
surnommé pour sa cruauté le « Scorpion noir »,
l'armée biafraise capitule. Seule résiste encore une
poignée de combattants dont la plupart sont des
enfants, qui brandissent des machettes et des bâtons sculptés en forme de fusils contre les Mig et
les bombardiers soviétiques. À la chute d'Aba (non
loin de l'ancien sanctuaire des guerriers magiciens
d'Aro Chuku), le Biafra entre dans une longue ago-
nie. Avec la complicité de l'Angleterre et des États-
Unis, le général Adekunle verrouille le blocus sur le
territoire biafrais, empêchant tout secours et tout
approvisionnement. Devant l'avancée de l'armée
fédérale, en proie à une folie vengeresse, la population civile fuit vers ce qui reste du territoire biafrais, envahit les savanes et la forêt, tente de survivre
sur les réserves. Hommes, femmes, enfants sont pris
dans un piège mortel. À partir de septembre, il n'y
a plus d'opérations militaires, mais des millions de
gens coupés du reste du monde, sans vivres, sans
médicaments. Quand les organisations internatio-
nales peuvent enfin pénétrer dans la zone insurgée,
elles découvrent l'étendue de l'horreur. Le long des

routes, au bord des rivières, à l'entrée des villages, des centaines de milliers d'enfants sont en train de mourir de faim et de déshydratation. C'est un cimetière vaste comme un pays. Partout, dans les plaines d'herbes semblables à celle où j'allais autrefois faire la guerre aux termites, des enfants sans parents errent sans but, leurs corps transformés en squelettes. Longtemps après je suis hanté par le poème de Chinua Achebe, *Noël au Biafra*, qui commence par ces mots :

Non, aucune Vierge à l'Enfant ne pourra égaler
Le tableau de la tendresse d'une mère
Envers ce fils qu'elle devra bientôt oublier.

J'ai vu ces images terribles dans tous les journaux, les magazines. Pour la première fois, le pays où j'avais passé la partie la plus mémorable de mon enfance était montré au reste du monde, mais c'était parce qu'il mourait. Mon père a vu aussi ces images, comment a-t-il pu accepter ? À soixante-douze ans, on ne peut que regarder et se taire. Sans doute verser des larmes.

La même année que la destruction du pays où il a vécu, mon père s'est vu retirer sa nationalité britannique, pour cause d'indépendance de l'île Maurice. C'est à partir de ce moment-là qu'il cesse de songer au départ. Il avait fait le projet de retrouver l'Afrique, non pas au Cameroun, mais à Durban, en Afrique du Sud, pour être plus près de ses frères et de ses sœurs restés à l'île Maurice natale. Puis il avait imaginé s'installer aux Bahamas, acheter un lopin à Eleuthera et y construire une sorte de campement. Il avait rêvé devant les cartes. Il cherchait un autre endroit, non pas ceux qu'il avait connus et où il avait souffert, mais un monde nouveau, où il pourrait recommencer, comme dans une île. Après le massacre du Biafra, il ne rêve plus. Il entre dans une sorte de mutisme entêté qui l'accompagnera jusqu'à sa mort. Il oublie même qu'il a été médecin, qu'il a mené cette vie aventureuse, héroïque. Lorsque, à la suite d'une mauvaise grippe, il est hospitalisé brièvement pour une transfusion sanguine, j'obtiens avec difficulté que le résultat des examens lui soit transmis. « Pourquoi les voulez-vous ? demande l'infirmière. Vous êtes médecin ? » Je dis : « Moi non. Mais lui, oui. » L'infirmière lui porte les documents. « Mais pourquoi n'avez-vous pas dit que vous étiez médecin ? » Mon père répond : « Parce que vous ne me l'avez pas demandé. » D'une certaine façon, il me semble que c'était moins par résignation que par son désir d'identification avec tous ceux qu'il avait soignés, à qui à la fin de sa vie il s'était mis à ressembler.

C'est à l'Afrique que je veux revenir sans cesse, à ma mémoire d'enfant. À la source de mes sentiments et de mes déterminations. Le monde change, c'est vrai, et celui qui est debout là-bas au milieu de la plaine d'herbes hautes, dans le souffle chaud qui apporte les odeurs de la savane, le bruit aigu de la forêt, sentant sur ses lèvres l'humidité du ciel et des nuages, celui-là est si loin de moi qu'aucune histoire, aucun voyage ne me permettra de le rejoindre.

Pourtant, parfois, je marche dans les rues d'une ville, au hasard, et tout d'un coup, en passant devant une porte au bas d'un immeuble en construction, je respire l'odeur froide du ciment qui vient d'être coulé, et je suis dans la case de passage d'Abakaliki, j'entre dans le cube ombreux de ma chambre et je vois derrière la porte le grand lézard bleu que notre chatte a étranglé et qu'elle m'a apporté en signe de bienvenue. Ou bien, au moment où je m'y attends le moins, je suis envahi par le parfum de la terre mouillée de notre jardin à Ogoja, quand la mousson roule sur le toit de la maison et fait zébrer les ruisseaux couleur de sang sur la terre craquelée. J'entends même, par-dessus la vibration des autos embouteillées dans une avenue, la musique douce et froissante de la rivière Aiya.

J'entends les voix des enfants qui crient, ils m'appellent, ils sont devant la haie, à l'entrée du jardin, ils ont apporté leurs cailloux et leurs vertèbres de mouton, pour jouer, pour m'emmener à la chasse aux couleuvres. L'après-midi, après la leçon de calcul avec ma mère, je vais m'installer sur le ciment de la varangue, devant le four du ciel blanc pour faire des dieux d'argile et les cuire au soleil. Je me souviens de chacun d'eux, de leurs noms, de leurs bras levés, de leurs masques. Alasi, le dieu du tonnerre, Ngu, Eke-Ifite la déesse mère, Agwu le malicieux. Mais ils sont plus nombreux encore, chaque jour j'invente un nom nouveau, ils sont mes *chis*, mes esprits qui me protègent et vont intercéder pour moi auprès de Dieu.

Je vais regarder la fièvre monter dans le ciel du crépuscule, les éclairs courir en silence entre les écailles grises des nuages auréolés de feu. Quand la nuit sera noire, j'écouterai les pas du tonnerre, de proche en proche, l'onde qui fait vaciller mon hamac et souffle sur la flamme de ma lampe. J'écouterai la voix de ma mère qui compte les secondes qui nous séparent de l'impact de la foudre et qui calcule la distance à raison de trois cent trente-trois mètres par seconde. Enfin le vent de la pluie, très froid, qui avance dans toute sa puissance sur la cime des arbres, j'entends chaque branche gémir et craquer, l'air de la chambre se remplit de la poussière que soulève l'eau en frappant la terre.

Tout cela est si loin, si proche. Une simple paroi fine comme un miroir sépare le monde d'aujourd'hui et le monde d'hier. Je ne parle pas de nostalgie. Cette peine déréelictueuse ne m'a jamais causé aucun plaisir. Je parle de substance, de sensations, de la part la plus logique de ma vie.

Quelque chose m'a été donné, quelque chose m'a été repris. Ce qui est définitivement absent de mon enfance : avoir eu un père, avoir grandi auprès de lui dans la douceur du foyer familial. Je sais que cela m'a manqué, sans regret, sans illusion extra-ordinaire. Quand un homme regarde jour après jour changer la lumière sur le visage de la femme qu'il aime, qu'il guette chaque éclat furtif dans le regard de son enfant. Tout cela qu'aucun portrait, aucune photo ne pourra jamais saisir.

Mais je me souviens de tout ce que j'ai reçu quand je suis arrivé pour la première fois en Afrique : une liberté si intense que cela me brûlait, m'enivrait, que j'en jouissais jusqu'à la douleur.

Je ne veux pas parler d'exotisme : les enfants sont absolument étrangers à ce vice. Non parce qu'ils voient à travers les êtres et les choses, mais justement parce qu'ils ne voient qu'eux : un arbre, un creux de terre, une colonne de fourmis charpentières, une bande de gosses turbulents à la recherche d'un jeu, un vieillard aux yeux troubles tendant une main décharnée, une rue dans un village africain un jour de marché, c'étaient toutes les rues de tous les villages, tous les vieillards, tous les enfants, tous les arbres et toutes les fourmis. Ce trésor est toujours vivant au fond de moi, il ne peut pas être extirpé. Beaucoup plus que de simples souvenirs, il est fait de certitudes.

Si je n'avais pas eu cette connaissance charnelle de l'Afrique, si je n'avais pas reçu cet héritage de ma vie avant ma naissance, que serais-je devenu ?

Aujourd'hui, j'existe, je voyage, j'ai à mon tour fondé une famille, je me suis enraciné dans d'autres lieux. Pourtant, à chaque instant, comme une substance éthéreuse qui circule entre les parois du réel, je suis transpercé par le temps d'autrefois, à Ogoja. Par bouffées cela me submerge et m'étourdit. Non pas seulement cette mémoire d'enfant, extraordinairement précise pour toutes les sensations, les odeurs, les goûts, l'impression de relief ou de vide, le sentiment de la durée.

C'est en l'écrivant que je le comprends, maintenant. Cette mémoire n'est pas seulement la mienne. Elle est aussi la mémoire du temps qui a précédé ma naissance, lorsque mon père et ma mère marchaient ensemble sur les routes du haut pays, dans

les royaumes de l'ouest du Cameroun. La mémoire des espérances et des angoisses de mon père, sa solitude, sa détresse à Ogoja. La mémoire des instants de bonheur, lorsque mon père et ma mère sont unis par l'amour qu'ils croient éternel. Alors ils allaient dans la liberté des chemins, et les noms de lieux sont entrés en moi comme des noms de famille, Bali, Nkom, Bamenda, Banso, Nkongsamba, Revi, Kwaja. Et les noms de pays, Mbembé, Kaka, Nsungli, Bum, Fungom. Les hauts plateaux où avance lentement le troupeau de bêtes à cornes de lune à accrocher les nuages, entre Lassim et Ngonzin.

Peut-être qu'en fin de compte mon rêve ancien ne me trompait pas. Si mon père était devenu l'Africain, par la force de sa destinée, moi, je puis penser à ma mère africaine, celle qui m'a embrassé et nourri à l'instant où j'ai été conçu, à l'instant où je suis né.

Décembre 2003- janvier 2004

TABLE DES ILLUSTRATIONS

Photos et carte provenant des archives de l'auteur.

DU MÊME AUTEUR

BALAABILOU. *Illustrations de Georges Lemoine (Albums)*

PEUPLE DU CIEL. *Illustrations de Georges Lemoine (Albums)*

Aux Éditions Mercure de France

LE JOUR OÙ BEAUMONT FIT CONNAISSANCE AVEC SA DOULEUR

L'AFRICAIN (Folio n° 4250)

Aux Éditions Stock

DIEGO ET FRIDA (Folio n° 2746)

GENS DES NUAGES, en collaboration avec Jemia Le Clézio. *Photographies de Bruno Barbey* (Folio n° 3284)

Aux Éditions Skira

HAÏ

Aux Éditions Arléa

AILLEURS. Entretiens avec Jean-Louis Ezine sur France-Culture

Aux Éditions Seuil

RAGA, APPROCHE DU CONTINENT INVISIBLE

COLLECTION FOLIO

Composition Nord Compo
Impression POLLINA,
à Luçon, le 10 janvier 2009
Dépôt légal : janvier 2009
1ᵉʳ dépôt légal dans la collection : août 2005
Numéro d'imprimeur : L49356
Imprimé en France

ISBN : 978-2-07-031847-6